MARIO KOTASKA

DAS PLUS PRINZIP +3

EINFACH KOCHEN MIT WENIG ZUTATEN

FOTOGRAFIE: MANUELA RÜTHER

EMF

EIN BUCH DER
EDITION MICHAEL FISCHER

FÜR DEN KLEINEN LÖWEN,
DIE KLEINEN TIGER
UN ET KÖLSCHE HÄTZ!

INHALT

MEINE ALLTAGSKÜCHE . . . 8
Kochen ohne Stress . . . 8
Das Plus-3-Prinzip . . . 8

EINFACH GESUND

BESSER ESSEN . . . 12
Der Mix macht's . . . 12
Energiespender . . . 12
Figurfreund Eiweiß . . . 13
Fetter Vorteil . . . 13
Weniger Zucker . . . 13

SO BLEIBE ICH IM GLEICHGEWICHT . . . 14
Regelmäßig essen . . . 14
Zauberwort Balance . . . 14
Weniger Kohlenhydrate . . . 15
In Bewegung bleiben . . . 15

GEMÜSE SATT . . . 16
Kreative Gemüseküche . . . 16
Meine Tipps um mehr Gemüse zu essen . . . 16
Gesünder snacken . . . 18
Knabber-Kichererbsen . . . 18
Meine Alternativen . . . 18

WASSER MARSCH! . . . 20
Warum Wasser so wichtig ist . . . 20
Regelmäßig trinken . . . 20
Meine Trinktipps . . . 21

ESSEN OHNE STRESS . . . 22
Meal Prep . . . 22
Auf Vorrat zubereiten . . . 22
Schneller Salat . . . 22
So geht nichts schief . . . 22
Volle Vorratskammer . . . 22
Gar keine Zeit zum Kochen? . . . 22

AUS ALLEM WAS MACHEN . . . 24
Resterampe . . . 24
Der kochende Mülleimer . . . 25
Geklärte Butter . . . 25

RESPEKT FÜR PRODUKTE . . . 26
Kochen nach den Jahreszeiten . . . 26
Heimvorteil . . . 26
Achtet auf das Etikett . . . 26
Ganz persönlich . . . 26

KOCHEN MACHT SPASS . . . 28
Flexibel bleiben . . . 28
Öfter mal was Neues . . . 28
Geschmacksentwicklung . . . 28
Tauschbörse . . . 29

EINFACH IN BALANCE

ESSEN IST FAMILIENZEIT 32

Mehr als satt werden 32
Gute Vorbilder 32
Wertschätzung 32
Genuss an erster Stelle 32

SO BLEIBE ICH FIT 34

Bewusste Entscheidung 34
Richtige Balance 34
In Bewegung bleiben 35
Tschüss, Schweinehund 35

EINFACH ENTSPANNEN 36

Abschalten 36
Kochen entspannt 36

EINFACH KOCHEN

FRÜHSTÜCK: DEINE BASICS 40

FRÜHSTÜCK: DEINE PLUS-3-ZUTATEN... 42

Stramme Forelle mit Kresse....................... 44
Gebeizter Lachs mit Reibekuchen 46
Rotes Katerfrühstück 48
Bloody Oats mit Gemüse 50
Spiegeleibrötchen mit Spinat...................... 51
Steirischer Tomatensalat.......................... 52
Avocado-Chorizo-Omelett 56
Zwiebelpiepen-Omelett mit Birnen und Speck.... 58
Fruity Joghurt mit Mandeln 60
Obstsalat-Bowl 61
Orangen-Feigen-Pancakes......................... 62
Arme Ritter süß-sauer............................. 64
12:2-Overnight-Oats mit Früchten 66
Hirsemüsli mit Walnuss und Orange.............. 67
Bananen-Schoko-Törtchen 68

KLASSIKER: DEINE BASICS 70

KLASSIKER: DEINE PLUS-3-ZUTATEN.... 72

Studentenschnitzel mit Tomatenpasta 74
Potsdamer Schmorgurken 76
Bauernomelett mit Kopfsalat..................... 77
Bratkartoffeln mit Flönz und Spiegelei............ 78
Hähnchenschenkel Niçoise 82
Döppekooche – der rheinische Klassiker 84
Pfifferlingscarbonara mit Speck.................... 86
Butterlachs mit Paprikapasta 88
Forelle „Nonpareilles" mit Petersilienkartoffeln.... 89
Piccata Pesce mit Kirschtomaten 90
Pasta alle Vongole – Löwes Lieblingspasta......... 92
Zucchini-Rösti und Aioli ohne Ei.................. 94
Spinat-Blauschimmel-Gnocchi 95
Sommerkracher-Party-Pastasalat.................. 96
Senfeier mit Püree und Rote Bete 98

EXOTISCH: DEINE BASICS 100

EXOTISCH: DEINE PLUS-3-ZUTATEN ... 102

Süßkartoffel-Bohnen-Sandwich 104
Burrata-Mango-Salat 106
Chili-Couscous mit gebackener Aubergine 108
Quinoa mit zweierlei Blumenkohl 109
Gebackene Avocado mit Paprika-Quinoa..........110
Kalbs-Falafel auf Süßkartoffelstampf 112
Marokkanische Wurstpfanne......................114
Lammkotelett mit Hummus und Peperonata......116
Möhren-Kokos-Süppchen mit Huhn 118
Rinderhüfte mit Mais-Tomaten-Eintopf 120
Garnelen-Curry mit Auberginen 121
Spinat-Minz-Süppchen mit Räucherlachs..........122
Fish & Chips mit Harissa-Gurken 126
Kichererbsen-Salat mit Sardinen..................127
Ceviche vom Wolfsbarsch.........................128

FIT FOOD: DEINE BASICS.............. 130

FIT FOOD: DEINE PLUS-3-ZUTATEN 131

Grün hoch drei – Smoothie 134
Spicy Mango-Lassi mit Curry.......................135
Gemüse-Pfanne mit Ei 136
Mediterrane Zucchini-Plätzchen...................138
Mangold-Nasi-Goreng 140
Basilikum-Schnitzel mit Fenchel-Salat............142
Chickenballs mit Linsencurry 144
Herzhafter Hokkaido-Eintopf 146
Rotes Currysüppchen mit Kabeljau-Bon-Bon 147
Ingwer-Garnelen mit lauwarmem Chicorée.......148
Lachs-Röllchen to go 150
Dattel-Sesam-Bällchen 154
Botermelk-French-Toast 156
Süßer Beeren-Hüttenkäse 157
Schokoladiger Proteinriegel 158

FESTLICH: DEINE BASICS 160

FESTLICH: DEINE PLUS-3-ZUTATEN 162

Barbarie-Entenbrust mit Gratin 164
Lammcarrée mit Rotweinkartoffeln. 166
Ganze Kalbsnuss mit Rahmpfifferlingen 168
Tafelspitz mit Bouillonkartoffeln. 170
Zitronenhähnchen mit Kartoffelsalat 171
Nussbutter-Spargel mit Serranoschinken 172
Krosses Zanderfilet mit Rotweinbutter 176
Saiblingsfilet im Orangensud 178
Krosser Wolfsbarsch mit Rotweinrisotto 180
Kabeljau in Senfsauce. 182
Heringsstipp mit Pellkartoffeln 183
Sellerierisotto mit Rotweinbirne 184
Gratinierte Artischocke. 186
Steinpilzrisotto mit Parmesan. 188
Geschmorte Kirschtomaten 189

SÜSSES: DEINE BASICS 190

SÜSSES: DEINE PLUS-3-ZUTATEN 192

Cassis-Mascarpone-Törtchen 194
Passionsfrucht-Tassenküchlein 196
Quark-Kirsch-Muffins 198
Öhmchens Kirschstreusel mit Eis 199
Brombeer-Schoko-Cupcakes 200
Erdbeer-Galettes mit Vanillesahne 202
Schokoladencreme mit Kirschen 204
Mandel-Schokokuchen mit Apfelkompott. 205
Gefüllte Pflaumen-Röllchen 206
Snickerdoodle-Cookies 208
Topfengratin mit Gewürzorangen 210
Hefezopf mit Marmelade 211
Windbeutelkranz mit Mango. 212
Kaiserschmarrn mit Himbeerquark 216
Flammkuchen mit Äpfeln. 217

DEIN VEGGIE-WOCHENPLAN 218

DEIN MENÜPLANER. 220

GARZEITENTABELLE 222

Auf den Punkt gegart 222

EINKAUFSLISTE

Frühstück 225
Klassiker 226
Exotisch. 227
Fit Food 228
Festlich 229
Süßes 230

SAISONKALENDER. 231

REGISTER 232

ÜBER DEN AUTOR 236

HERZLICHEN DANK AN. 237

DIE FOTOGRAFIN. 238

MEINE ALLTAGSKÜCHE

Genau wie in allen anderen Familien ist auch bei uns die Zeit unter der Woche oft knapp und es muss abends schnell was auf den Tisch kommen. Dass es jeden Tag etwas Ordentliches zu essen gibt, ist meiner Frau und mir trotzdem sehr wichtig, vor allem seit wir zwei Kinder haben. Denn ich bin überzeugt davon, dass in der Kindheit der Grundstein für ein gutes Essverhalten gelegt wird. Und natürlich tut gutes Essen auch uns Erwachsenen gut. Seit ich mehr darauf achte, was ich esse und aktiver bin, fühle ich mich einfach wohler und fitter.

KOCHEN OHNE STRESS

Jeden Tag mit wenig Zeit etwas Ausgewogenes zu servieren, das dann auch noch allen schmeckt, kann allerdings schnell zu einer Herausforderung werden. Irgendwann ist mir aufgefallen, dass mich weniger das Kochen, als das ständige Einkaufen so viel Zeit kostet. „Das muss doch auch anders gehen", dachte ich und begann zu überlegen, wie man den täglichen Aufwand reduzieren könnte.

Schnell wurde mir klar: Für die meisten Alltagsgerichte braucht man vor allem Grundzutaten wie Eier, Mehl, Joghurt oder andere Lebensmittel, die man sowieso im Haus hat. Wenn man diese Basics mit wenigen frischen Zutaten wie Gemüse, Fleisch oder Fisch ergänzt und hier und da noch ein besonderes Gewürz für etwas Raffinesse dazu fügt, kann man mit wenig Aufwand immer wieder tolle Gerichte auf den Tisch zaubern – genial, oder?

DAS PLUS-3-PRINZIP

So ist die Idee für dieses Buch entstanden. Ich habe für jedes Kapitel einen Warenkorb mit Basislebensmitteln zusammengestellt, die – einmal eingekauft – jedermann im Vorrat hat. Dazu habe ich Rezepte entwickelt, für die jeweils nur drei frische Zutaten zusätzlich besorgt werden müssen. Das gelingt auch noch schnell auf dem Nachhauseweg von der Arbeit, in der Mittagspause oder wenn man die Kinder von der Schule abholt. Wer ein- bis zweimal in der Woche plant, was er in den nächsten Tagen zubereiten will, besorgt gleich alle Plus-Zutaten für mehrere Gerichte auf einmal und hat noch weniger Einkaufsstress. Ab Seite 218 findet Ihr praktische Vorlagen für Wochenpläne, Einkauflisten und mehr.

Mein Prinzip funktioniert dabei übrigens nicht nur für Alltagsgerichte und gesunde und leichte Fit-Gerichte, sondern auch, wenn Ihr Familie oder Freunde mal mit einem Festessen beeindrucken oder mit süßen Desserts verwöhnen wollt. Dafür findet Ihr hier einfach geniale Rezepte für zwei oder auch vier Personen.

Also, 1, 2, 3 – los geht die Kocherei!

Euer Mario

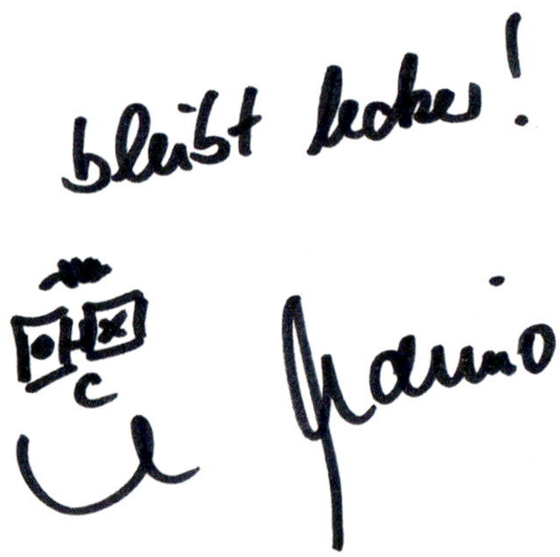

EINFACH GESUND

BESSER ESSEN

... mit Genuss! Denn gesunde Ernährung muss weder kompliziert, noch spaßbefreit sein. Nachdem ich vor einigen Jahren gemerkt habe, ich fühle mich nicht mehr wohl mit ein paar Pfunden zu viel auf den Rippen, habe ich mich mehr damit beschäftigt, was mir guttut. Ich wollte daraus aber keine komplizierte Wissenschaft machen, sondern ganz pragmatisch und alltagstauglich ran gehen. Auf zu vieles verzichten wollte ich auch nicht, denn ich bin ein Genussmensch – und habe als Koch natürlich den ganzen Tag mit Essen zu tun. Ich experimentiere auch gerne in der Küche und bin spontan. Strenge Regeln sind daher überhaupt nicht mein Ding. Neben mehr Bewegung habe ich daher nach und nach Kleinigkeiten an meiner Ernährung verändert, die mir heute in Fleisch und Blut übergegangen sind. So bleibe ich ganz entspannt in Form.

DER MIX MACHT'S

Gemüse und Salat sind die perfekte Basis für eine ausgewogene Ernährung. Denn egal ob Möhren, Brokkoli, Salatgurke oder Kohl – Gemüse überzeugt gleich mehrfach. Es füllt mit wenig Kalorien und Fett, aber jeder Menge Wasser und Ballaststoffen den Magen auf leichte Art. Dazu kommen eine ganze Batterie an Vitaminen und Mineralstoffen, die wichtig für das Funktionieren unserer Körpers sind. Und das besondere Extra: Bioaktive Pflanzenstoffe, die z. B. für die schöne Farbe der Gemüsesorten sorgen, können unsere Zellen gesund halten und uns so langfristig vor Krankheiten schützen. Empfehlenswert sind mindestens drei Portionen Gemüse am Tag. Da jede Sorte andere Pluspunkte hat, am besten je nach Saison für bunte Abwechslung sorgen und einen Teil davon auch roh auf den Teller bringen. Denn manche Nährstoffe wie z. B. Vitamin C werden beim Erhitzen abgebaut. Anderen Nährstoffen macht das Kochen wiederum nichts aus und viele Gemüsesorten werden dadurch sogar bekömmlicher.

ENERGIESPENDER

Kohlenhydrathaltige Lebensmittel wie Brot, Nudeln, Reis oder Kartoffeln liefern uns schnelle Energie, die vor allem wichtig ist, wenn wir uns viel bewegen. Greift möglichst oft zur Vollkornvariante, die punktet nämlich mit Slow Carbs und Ballaststoffen. Letztere sind unverdauliche Faserstoffe aus pflanzlichen Lebensmitteln, die alles andere als überflüssiger Ballast sind. Sie sorgen für ein gutes Sättigungsgefühl und eine gesunde Darmflora, welche laut aktueller Studien nicht nur für unsere Abwehrkräfte, sondern auch für unser Gewicht eine wichtige Rolle zu spielen scheint. Sie stecken auch in Obst, Gemüse, Salat, Kartoffeln und Hülsenfrüchten.

Slow Carbs sind Kohlenhydrate aus Mehrfachzuckern. Da unser Körper sie erst zerlegen muss, gehen sie langsamer ins Blut als die schnellen Kohlenhydrate aus Einfachzuckern. So halten sie den Blutzuckerspiegel in Balance und sättigen nachhaltiger. Das hilft, das Gewicht im Gleichgewicht zu halten. Sie stecken vor allem in Vollkorngetreide, Gemüse und Hülsenfrüchten.

FIGURFREUND EIWEISS

Bei jeder Mahlzeit sollte eine Portion Eiweiß mit dabei sein. Denn das hat einen super Sattmachereffekt und kurbelt den Stoffwechsel an. Zu seiner Verdauung muss unser Körper nämlich mehr Energie aufwenden als bei der Zerlegung von Kohlenhydraten und Fett. So verpufft ein Teil der aufgenommenen Kalorien gleich wieder. Außerdem sorgt Eiweiß dafür, dass der Blutzuckerspiegel nur langsam ansteigt – das ist wichtig, um lange satt zu bleiben und ermöglicht dem Körper Fett abzubauen statt einzulagern. Eiweißreiches macht es daher einfacher, in Form zu bleiben. Am besten wechselt Ihr dabei ab zwischen tierischem Eiweiß, z.B. aus Fleisch, Geflügel, Fisch, Meeresfrüchten, Eiern und Milchprodukten, und pflanzlichem Eiweiß, z.B. aus Hülsenfrüchten und Produkten aus Hülsenfrüchten wie z.B. Tofu, Vollkorngetreide, Kartoffeln, Nüssen und Samen. Denn jede Eiweißquelle besteht aus anderen Bausteinen, sodass ein Mix uns optimal versorgt.

FETTER VORTEIL

Auch Fett sollte nicht zu kurz kommen auf dem Teller, denn es ist lebenswichtig und hat einen guten Sättigungseffekt. Wichtig dabei ist, zu den richtigen Fetten zu greifen. Bevorzugt ungesättigte Fette aus pflanzlichen Lebensmitteln wie Ölen, Nüssen, Samen oder Avocados und fettreichen Fischen wie Lachs oder Makrele. Dafür bei gesättigtem Fett aus tierischen Lebensmitteln wie Fleisch, Milchprodukten oder Butter etwas zurückhaltender sein. Vor allem solltet Ihr auf versteckte Fette in Back- und Wurstwaren, Süßigkeiten, Fastfood und Fertiggerichten achten und diese soweit es geht meiden. Das hält Herz und Blutgefäße gesund.

Keine Angst vor Fett! Sehr fettarm zu essen, wie es Gesundheitsbewussten lange empfohlen wurde, ist nicht notwendig. Im Gegenteil, ein bisschen Fett im Essen erhöht den Sättigungseffekt und verbessert den Geschmack. So macht es zufrieden und wir essen insgesamt weniger. Gesundes Fett mit vielen ungesättigten Fettsäuren kann außerdem sogar den Stoffwechsel anregen und macht so fit statt fett.

WENIGER ZUCKER

Kein Geheimnis: Zu viel Süße tut uns nicht gut. Denn Zucker liefert viele Kalorien, aber so gut wie keine wichtigen Nährstoffe. Außerdem geht er blitzschnell ins Blut und lässt so Blutzucker- und Insulinspiegel rasant ansteigen. Das bringt den Stoffwechsel total durcheinander, sorgt für Heißhunger und überflüssige Pfunde, indem die Fettverbrennung blockiert wird.

SO BLEIBE ICH IM GLEICHGEWICHT

Selbst wenn man die besten Vorsätze hat – im Alltag ist es nicht so einfach, diese auch immer umzusetzen. Da geht es mir sicher nicht anders, als den meisten Menschen. Dazu bin ich ständig von Essen umgeben und beschäftige mich den ganzen Tag mit dem Thema. Da kommt man schnell mal von der gesunden Linie ab. Dazu bin ich beruflich oft unterwegs, das macht die Sache auch nicht besser. Denn unterwegs bleibt oft nicht viel Zeit für gesunde Mahlzeiten. Und Stress ist sowieso Gift für gute Vorsätze ... Deshalb habe ich mir in den letzten Jahren ein paar gesunde Gewohnheiten angeeignet, die mir dabei helfen, fit und in Form zu bleiben.

REGELMÄSSIG ESSEN

Ich versuche jeden Tag drei feste Mahlzeiten einzuhalten – morgens, mittags und abends. Das hört sich vielleicht altmodisch oder streng an. Aber ich habe festgestellt, es hilft mir dabei, nicht zwischendrin wahllos irgendwas zu essen. Das passiert sonst nämlich schneller, als mir lieb ist. Besonders an den Tagen, an denen ich viel unterwegs oder zum Drehen im Studio bin und einen unregelmäßigen Tagesrhythmus habe. Lasse ich dann Mahlzeiten weg, bekomme ich irgendwann so einen Hunger, dass ich zwischendrin und nebenbei viel mehr esse, als mir guttut. Bei meinem Beruf ist es ja auch kein Problem, was Essbares zu finden ... Und wenn ich dann erst anfange, in die Schale mit den Süßigkeiten zu greifen, die bei den Fernsehproduktionen immer irgendwo rumsteht, dann ist alles zu spät. Auch wenn ich mir fest vornehme, nur eins zu nehmen – am Ende habe ich die halbe Schale alleine leergefuttert und ärgere mich. Denn Hunger habe ich immer noch, wichtige Nährstoffe habe ich nicht aufgenommen, aber Kalorien und Zucker habe ich in 10 Minuten genug für den ganzen Tag inhaliert. Habe ich vorher was Ordentliches gegessen, muss ich mich dagegen nicht mal anstrengen, einen Bogen um die Süßigkeiten zu machen. Deshalb kann ich wirklich jedem empfehlen, der ein bisschen auf sein Gewicht und seine Ernährung achten will, bloß keine Mahlzeit auszulassen. Auch für Kinder ist das übrigens ein wichtiger Punkt. Denn sonst entsteht schnell ein Teufelskreis: Weil sie nichts Richtiges gegessen haben, sind sie zwischendrin hungrig und snacken ständig. Dadurch haben sie bei der nächsten Hauptmahlzeit nur wenig Hunger, und fragen dann zwischendrin wieder nach einem Snack. Das Problem daran ist, dass die Snacks oft nur leere Kalorien liefern, aber viel weniger wichtige Nährstoffe wie Eiweiß, Vitamine oder Ballaststoffe. Die stecken durch Gemüse, Fisch oder Fleisch eher in den Hauptmahlzeiten.

ZAUBERWORT BALANCE

Jeder, der mich kennt, weiß, dass ich niemand bin, der ständig verzichten will. Ein Gläschen Wein auf der Terrasse mit meiner Frau, wenn die Kinder im Bett sind und der Tag fast vorbei ist – das ist Luxus pur für mich. Und das genieße ich dann auch ganz bewusst und ohne schlechtes Gewissen. Aber das ist nichts, was wir uns täglich gönnen. Genauso beim Essen: Manchmal muss es einfach das fette Schnitzel sein, mit Beilagen und allem Drum und Dran. Da schlage ich dann gerne zu, und plane dafür eine Extra-Laufrunde ein oder verzichte auf die Kohlenhydrate am nächsten Abend. Oft stimme ich meine Ernährung auch auf mein Sportprogramm ab. Mache ich Muskeltraining, achte ich darauf, dass ich die Muckis danach mit etwas mehr Eiweiß füttere. Laufe ich viel, gönne ich mir mehr Kohlenhydrate. So klappt es, ohne Verzicht im Gleichgewicht zu bleiben.

WENIGER KOHLENHYDRATE

Ich esse abends zum Ausgleich öfters mal Low Carb, lasse also Kohlenhydratreiches wie Brot, Nudeln, Reis, Hülsenfrüchte und süßes Obst weg. Dafür kommt mehr Gemüse und Kohlenhydratarmes wie Nüsse, Fleisch, Fisch, Milchprodukte und Eier auf den Teller. So lassen sich easy ein paar Kalorien einsparen, und vor allem die Fettverbrennung anheizen. Denn durch den Verzicht auf Zucker und Stärke, bleibt der Blutzuckerspiegel niedrig, es wird nur wenig vom Dickmacherhormon Insulin ausgeschüttet und der Körper kann während der Esspause in der Nacht das Fett in den Pölsterchen anzapfen und abbauen. Besonders, wenn ich es mir mal ein paar Tage richtig hab gut gehen lassen, bringt mich das schnell wieder ins Gleichgewicht.

Wenn maximal 30 Prozent der Kalorien einer Mahlzeit aus Kohlenhydraten bestehen, bezeichnet man sie als „Low Carb". Besonders abends, wenn der Körper die schnelle Energie aus Kohlenhydraten nicht mehr sofort durch Bewegung verbrauchen kann, hilft es der Figur, auf weniger Kohlenhydrate und dafür mehr Eiweiß zu setzen.

IN BEWEGUNG BLEIBEN

Ich versuche, mich so viel wie möglich zu bewegen. Denn je mehr Kalorien man verbraucht, desto mehr kann man natürlich essen ohne zuzunehmen. Das muss nicht immer beim Sport sein. Es bringt auch schon viel, wenn man im Alltag immer die Treppe nimmt, das Auto mal stehen lässt und dafür zu Fuß läuft. Oder wenn man mit der Liebsten am Wochenende tanzen geht, statt vor dem Fernseher zu hängen. Wie ich es schaffe, mich regelmäßig zum Sport zu motivieren, verrate ich Euch ab Seite 34.

GEMÜSE SATT

An Gemüse führt kein Weg vorbei, wenn man etwas leichter und gesünder essen will. Denn es hat durch den hohen Wasseranteil kaum Kalorien, dafür aber eine ganze Batterie an wichtigen Nährstoffen und satt machenden Ballaststoffen. So füllt es auf gesunde und leichte Art den Magen. Außerdem lässt sich Gemüse unglaublich vielfältig zubereiten und genießen. Als Koch macht es richtig Spaß, damit kreativ zu werden. Auch wer sonst nichts an seiner Ernährung verändert will: Bei jeder Mahlzeit ein bisschen mehr Gemüse einzubauen, bringt schon eine ganze Menge für Deinen Körper und Deine Gesundheit.

KREATIVE GEMÜSEKÜCHE

Bei Gemüse lohnt es sich, zu experimentieren und immer mal wieder Neues auszuprobieren. Denn wer gekochten Rosenkohl nicht mag, liebt die kleinen Röschen vielleicht, wenn sie im Ofen mit etwas Öl gebacken werden oder geviertelt in der Pfanne angebraten werden. Auch Blumenkohl muss nicht immer klassisch in Béchamelsauce daher kommen. Er schmeckt roh geraspelt im Salat ganz anders oder lässt sich in ein cremiges Low-Carb-Püree verwandeln. Kinder essen Gemüse oft lieber roh, wenn es schön knackig ist, als gekocht.

MEINE TIPPS UM MEHR GEMÜSE ZU ESSEN

- 2–3 Mal in der Woche gibt es bei uns ein klassisches Abendbrot. Ein Teller mit Knabbergemüse gehört dann immer dazu. Auch die Kinder greifen da gerne zu. Kleiner Tipp: am besten den Teller schon mal hinstellen, bevor alles andere fertig ist. So ist er auf wundersame Weise meist schon halb leer, bis das eigentliche Essen kommt. Hilft auch gegen die Frage, die alle Eltern am Herd auf die Palme bringt „Wann ist das Essen endlich fertig?"

- Besonders bei kleineren Kindern kommen lustige Gemüsegesichter auf belegten Broten gut an. Macht vor allem Spaß, wenn man die Gesichter mit Paprikastreifen, halbierten Kirschtomaten, Gurkenscheiben oder Ähnlichem selbst drauflegen darf.

- Auch zum Pausenbrot gibt es bei meinen Kindern immer eine Handvoll Kirschtomaten, Gurkenscheiben, Möhrensticks oder anderes Gemüse mit dazu.

- Statt klassischen Sättigungsbeilagen wie Nudeln, Reis oder Kartoffeln mache ich gerne mal eine Gemüsebeilage mehr. Kartoffelpüree lässt sich zum Beispiel super durch Püree aus Gemüse wie Knollensellerie, Brokkoli oder Kürbis ersetzen. Nudeln lassen sich gut durch „Zoodles", zu Nudeln geschnittene Zucchini, ersetzen oder halb und halb damit mischen.

- Kleinen Gemüsemuffeln kann man gut klein geraspeltes Gemüse in Frikadellen, Nudelsaucen, Pfannkuchen oder Ähnlichem untermogeln. Und auch die Großen bekommen so ganz nebenbei noch ein paar Extra-Nährstoffe auf den Teller.

- Smoothies sind eine super Möglichkeit, um mehr Gemüse in den Speiseplan einzubauen. Kombiniert mit wenig Obst überzeugen sie jeden Gemüsemuffel. Und Reste lassen sich so gut verwerten.

GESÜNDER SNACKEN

Oft lauern die dicksten Fallen in Sachen Ernährung nicht bei den Hauptmahlzeiten, sondern dann, wenn wir zwischendrin und nebenbei essen. Die Chips, die wir vor dem Fernseher knabbern, die Süßigkeiten, die uns aus dem Nachmittagstief helfen sollen oder das süße Teilchen, das wir im Vorbeigehen am Bahnhof schnell kaufen, wenn wir unterwegs sind. So klein diese Extras auch wirken: Da kommt meist einiges an Kalorien, Zucker und Fett zusammen ... Und oft machen sie nicht mal richtig satt, sondern heizen den Hunger sogar noch an.

Ich habe mir angewöhnt, zu etwas besseren Snacks zu greifen. Das Wichtigste dabei: erst gar keine Chips, Süßigkeiten und Co einkaufen. Was nicht im Haus ist, kann einen auch nicht verführen. Dafür achte ich darauf, dass genügend gesundes Knabberzeug da ist. So überziehe ich das Kalorienkonto nicht und tanke sogar noch ein paar Nährstoffe. Hier meine liebsten Snacks.

KNABBER-KICHERERBSEN

Für 4–5 Portionen den Backofen auf 225 °C vorheizen. **1 Dose Kichererbsen** (Abtropfgewicht 220 g) abgießen, kalt abspülen, abtropfen lassen und anschließend mit Küchenpapier sehr gut trocken tupfen. Mit **2 EL Olivenöl, 1 TL geräuchertem Paprikapulver** und **ca. ½ TL Salz** mischen. Auf einem mit Backpapier belegten Backblech ausbreiten, im heißen Ofen in 15–18 Minuten knusprig backen, dabei nach der Hälfte der Backzeit einmal gut durchrütteln. Auskühlen lassen.

Statt geräuchertem Paprikapulver könnt Ihr auch andere Gewürze wie z. B. Currypulver oder Ras el Hanout verwenden oder die Kichererbsen mit Kräutern wie z. B. Rosmarin würzen. Sie lassen sich gut auf Vorrat machen, gut mitnehmen und halten in einer Blechdose verpackt mindestens 2 Wochen. Theoretisch, jedenfalls ...

MEINE ALTERNATIVEN

- Im Sommer natürlich frische Beeren! Egal welche Sorte – die kann man einfach so wegnaschen. Sie gehören zu den Früchten mit dem niedrigsten Zuckergehalt und sind daher sogar Low Carb tauglich.
- Knabbergemüse wie z. B. Möhrensticks, Paprikastreifen, Staudensellerie sind so leicht, dass hier „all you can eat" gilt. Mit einem eiweißreichen Dipp wie Kräuterquark oder Hummus dazu machen sie noch länger satt.
- Geröstete Sonnenblumenkerne sind eine super Alternative für alle, die es gerne herzhaft und knusprig mögen. Einfach in der Pfanne ohne Öl anrösten, bis sie leicht duften. Dann etwas Öl, Salz und Gewürze nach Wunsch untermischen.
- Noch eine tolle salzige Alternative: Oliven. Die liefern gesunde Fette, weniger Kalorien als Nüsse und Co und lassen sich gut knabbern. Mein Tipp: Die Varianten mit Stein schmecken besser und sorgen automatisch dafür, dass man weniger isst, da das Essen aufwendiger ist.
- Nüsse – pur und in der Schale. Denn wenn man sie erst knacken muss, verlangsamt sich das Esstempo ganz von selbst.
- Knabber-Kichererbsen haben mehr Ballaststoffe und Eiweiß, aber weniger schnelle Kohlenhydrate und Fett als Chips, Salzstangen und Co – schmecken aber mindestens genau so lecker. Mit meinem Rezept könnt Ihr sie ganz easy selbst machen.

WASSER MARSCH!

Ich versuche jeden Tag 3 Liter Wasser zu trinken. Wenn ich Sport mache und der Tag nach Plan läuft, schaffe ich das auch gut. Wenn ich viel unterwegs bin oder es hektisch wird, ist es schon schwieriger. Mein Trick, um zu sehen, wie viel ich trinke: Direkt nach dem Aufstehen schreibe ich dick und fett meinen Namen auf drei Wasserflaschen und stelle sie dahin, wo ich sie gut sehen kann. So habe ich meine Tagesration immer im Blick und werde zwischendrin daran erinnert, dass ich mal wieder was trinken sollte.

WARUM WASSER SO WICHTIG IST

Unser Körper besteht zu gut 60 Prozent aus Wasser. Es dient dem Transport von Nährstoffen und Sauerstoff zu den Organen und Zellen, sorgt dafür, dass Abfallstoffe abtransportiert und ausgeschieden werden, reguliert über das Schwitzen unsere Körpertemperatur und ist wichtig, damit der Stoffwechsel reibungslos ablaufen kann und optimal funktioniert. Kurz gesagt: Ohne Wasser geht gar nichts. Trinken wir zu wenig, sind wir nicht mehr so leistungsfähig, werden müde und schlapp. Auch der Stoffwechsel läuft nicht mehr rund und die Verdauung kommt ins Stocken. Das hat zur Folge, dass das Essen schneller ansetzt. Oft entsteht dann auch Heißhunger, weil der Körper versucht über mehr Essen die dringend benötigte Flüssigkeit aufzunehmen.

Wasser kann man auch essen! Etwa die Hälfte unseres Flüssigkeitsbedarfs decken wir im Durchschnitt über die Nahrung. Wer viel Obst, Gemüse und Salat isst, sogar ein bisschen mehr. Denn diese wasserreichen Lebensmittel versorgen uns mit viel Flüssigkeit und tun auch deshalb gut.

REGELMÄSSIG TRINKEN

Da unser Körper keine großen Wasserreserven hat, ist Nachfüllen wichtig. Mindestens 2 Liter pro Tag sollten es sein bei Erwachsenen. Wenn es heiß ist oder wenn Ihr viel Sport macht und schwitzt, natürlich noch mehr. Wichtig dabei ist, dass Ihr das Wasser über den Tag verteilt zu Euch nehmt. Denn im Gegensatz zum Kamel können wir das Wasser nicht in größeren Mengen speichern. Trinken wir viel auf einmal, rauscht der Überschuss einfach durch und kommt schnell auf der Toilette wieder raus. Daher besser regelmäßig über den Tag verteilt trinken. So kann der Körper die Flüssigkeit besser aufnehmen und effektiv nutzen.

MEINE TRINKTIPPS:

- Stellt Euch gleich morgens Eure Wassermenge für den Tag bereit.
- Besorgt Euch eine wiederbefüllbare Wasserflasche für unterwegs.
- Ihr findet Wasser pur auf Dauer langweilig? Aromatisiert es mit frischen Kräutern wie z. B. Minze oder Zitronenmelisse, einem Spritzer Zitronensaft, frischen Beeren oder Orangenscheiben, Gurkenscheiben oder frischem Ingwer in Scheiben.
- Trinkt Euer Wasser am besten mit Zimmertemperatur. So kann der Körper es am besten aufnehmen.
- Bevorzugt Wasser ohne Kohlensäure. Zu viel Kohlensäure sorgt erstens dafür, dass man nicht so viel auf einmal trinken kann und zweitens kann die Kohlensäure den Körper übersäuern.
- Leitungswasser ist eines der am besten kontrollierten Lebensmittel in Deutschland und super zum Durstlöschen.

TRINKEN KANN MAN LERNEN

Wer erst trinkt, wenn er Durst hat, ist eigentlich schon viel zu spät dran. Denn das Durstgefühl ist ein Notfallsignal, das erst auftritt, wenn der Wasserverlust unseres Körpers schon bei 0,5 Prozent liegt. Wenn Ihr oft vergesst zu trinken, macht Euch einen Trinkplan als Erinnerungsstütze. Einfach aufschreiben, wie viele Gläser Wasser Ihr am Tag trinken solltet und jeweils ein Kästchen daneben machen. So könnt Ihr ankreuzen, wie viel Ihr schon getrunken habt. Wenn Ihr das eine Zeitlang macht, gewöhnt Ihr Euch so an das regelmäßige Wassertrinken, dass Ihr von selbst dran denkt. So sieht übrigens unser Trinkplan zu Hause aus – gemalt von meinen beiden Kindern Paula und Moritz (siehe rechts).

ESSEN OHNE STRESS

Jeden Tag ein frisch gekochtes Essen auf dem Tisch? Das gelingt mit etwas Vorbereitung, ein paar cleveren Tipps und meinen Plus-3-Gerichten auch im turbulenten Familienalltag. So erleichtert Ihr Euch die Arbeit und gewinnt Zeit zum Genießen mit Euren Lieben.

MEAL PREP

Gut geplant ist halb gekocht! Nehmt Euch ein- oder zweimal in der Woche Zeit, um einen Speiseplan zu machen. So könnt Ihr die frischen Zutaten gleich für mehrere Tage einkaufen. Viele Gerichte lassen sich auch schon am Vortag oder am Morgen ganz oder teilweise vorbereiten. So müsst Ihr sie abends nur noch aufwärmen oder braucht nicht mehr lange, um sie zu vollenden. An vollgepackten Tagen steht dann schnell was Gutes auf dem Tisch. Beachtet bei der Planung, was an den jeweiligen Tagen ansteht. Ob Ihr vielleicht abends noch weg müsst und es deshalb besonders schnell gehen muss oder die Kinder Freunde zum Essen mitbringen. So könnt Ihr Euren Plan perfekt anpassen.

AUF VORRAT ZUBEREITEN

Oft lohnt es sich, gleich die doppelte Menge von einem Gericht zu machen und die zweite Hälfte einzufrieren oder im Kühlschrank aufzubewahren. Besonders Suppen, Nudelsaucen und Eintopfgerichte wie Currys oder Gulasch lassen sich super vorbereiten und schmecken aufgewärmt oft sogar noch besser.

Fleisch-und Fischgerichte bleiben eingefroren mindestens drei Monate frisch. Vegetarische Speisen, Gemüse und Kräuter sogar mindestens sechs Monate. Am besten schonend über Nacht im Kühlschrank auftauen lassen.

SCHNELLER SALAT

Salatdressing mache ich immer gleich in der drei- bis vierfachen Menge in einem Schraubglas. Alles rein, kräftig schütteln und kalt stellen. So bleibt es bis zu fünf Tage frisch – und ich habe ruckzuck einen Salat fertig.

SO GEHT NICHTS SCHIEF

Bevor Ihr loslegt mit dem Kochen, immer das Rezept gut durchlesen, alle Zutaten abwiegen und benötigte Küchengeräte bereitstellen. So könnt Ihr entspannt und zügig kochen, ohne hektisch noch was suchen zu müssen.

VOLLE VORRATSKAMMER

Mit einem gut bestückten Vorrat fällt es leichter, auch nach Feierabend noch schnell was Gesundes zu kochen. Am besten die Basics aus meinen Warenkörben oder von der Liste ab Seite 225 regelmäßig besorgen und nachkaufen. So habt Ihr einen guten Grundstock zu Hause, aus dem sich mit wenigen frischen Zutaten alle Gerichte aus diesem Buch zubereiten lassen. Das hat auch noch einen Vorteil: Mit den richtigen Zutaten im Haus erliegt Ihr nicht so schnell der Versuchung, aus Zeitmangel oder weil nichts anderes da ist, doch zur Tiefkühlpizza zu greifen oder statt Salat eine Tüte Chips zu futtern.

GAR KEINE ZEIT ZUM KOCHEN?

Dann ist Brotzeit angesagt! Besorgt Euch gutes Vollkornbrot, etwas Aufschnitt und Käse. Dazu einen schnellen Salat machen, etwas Knabbergemüse schnippeln und mit Extras wie Oliven oder Antipasti ergänzen. Schon steht ein ausgewogenes Essen auf dem Tisch.

AUS ALLEM WAS MACHEN

Lebensmittel sind viel zu schade, um sie wegzuwerfen! Selbst der kleinste Rest findet bei mir deshalb noch eine Verwendung. Manchmal muss man ein bisschen kreativ werden, um die übrige Nudelsauce oder das Bratenfleisch vom Sonntag noch zu verwerten – aber genau das macht auch Spaß und bringt mich oft wieder auf ganz neue Rezeptideen. Denn mit wenigen Handgriffen und frischen Zutaten wird aus dem Überbleibsel von gestern heute das neue Lieblingsgericht.

RESTERAMPE

Hier ein paar Vorschläge, was Ihr aus übrigen Lebensmitteln einfach machen könnt

- Nudelreste verarbeite ich gerne zu Aufläufen, zu einem schnellen Nudel-Omelett oder mit würzigem Dressing, frischem Gemüse und Käse wie z. B. Feta zum Nudelsalat.
- Kartoffeln werden natürlich zu Bratkartoffeln! Aber sie schmecken auch mit Ei als Bauernfrühstück, in Aufläufen, lassen sich zum Binden von Suppen oder Saucen verwenden. Für ein Mega-Salatdressing eine gekochte Kartoffel mit der Gabel zerdrücken und mit Essig, Senf und Öl zur Kartoffel-Vinaigrette verrühren.
- Reis schmeckt mit Gemüse und Fleisch, Tofu oder Garnelen als Reispfanne, wird schnell zum Reissalat oder eignet sich prima als Suppeneinlage. Er lässt sich aber auch prima portionsweise einfrieren und bei Bedarf im Wasserbad schnell auftauen.
- Gegartes Fleisch lässt sich klein geschnitten gut für Pfannengerichte oder Nudelsauce verwenden, als Suppeneinlage oder zum Anreichern von Sattmacher-Salaten.
- Gegartes Gemüse einfach mit Käse oder Béchamelsauce zum Gratin überbacken, mit etwas Brühe und einem Schuss Sahne zu Suppen oder Nudelsaucen pürieren oder kalt mit Dressing als Salat anmachen.
- Gegarte Hülsenfrüchte eignen sich prima für Salate, als Einlage in Eintöpfen oder Suppen, für Pfannengerichte oder werden püriert zu Brotaufstrichen oder feinen Dips.
- Kartoffelpüree könnt Ihr mit einem Eigelb, Gewürzen, Kräutern, etwas geriebenem Käse und evtl. noch etwas Kartoffelstärke super zu Bratlingen verarbeiten.

Damit Reste auch am nächsten Tag noch gut sind, schnell abkühlen lassen und gut abgedeckt kalt stellen. So können sich keine Keime entwickeln und das Essen trocknet nicht aus. So bleibt es mindestens noch 1–2 Tage frisch.

DER KOCHENDE MÜLLEIMER

Das Prinzip: Alles, was beim Kochen an Abschnitten entsteht, z. B. beim Gemüse oder Kräuterputzen, kommt in den Topf. So entsteht eine köstliche Brühe aus dem, was sonst ganz oft im Mülleimer landet. Und so geht's: Gebt am Anfang etwas Wasser und ein bisschen Salz in einen Topf. Dann könnt Ihr alles, was so anfällt, zugeben. Zum Beispiel Gemüseabschnitte, Kräuterstiele, aber auch Hühnerhaut oder Abschnitte, die beim Säubern von Fleisch entstehen. Nun einmal alles aufkochen und ca. 10 Minuten köcheln lassen, um die Aromen herauszulösen. Die Flüssigkeit dann durch ein Sieb in ein großes Schraubglas gießen, abkühlen lassen und in den Kühlschrank stellen. Beim nächsten Kochen den Inhalt des Schraubglases in den Topf geben und anfallende Abschnitte zugeben. Wie zuvor aufkochen, köcheln, absieben und kalt stellen. So verlängert sich die Brühe ständig und dient dann als Basis für Suppen, Eintöpfe, Saucen und mehr. Wenn Ihr sie nicht innerhalb einer Woche verbraucht, könnt Ihr sie auch auf Vorrat einfrieren. Praktisch: portionsweise in Eiswürfelbehältern einfrieren.

GEKLÄRTE BUTTER

Geklärte Butter, auch als Butterschmalz bekannt, ist durch den geringen Wassergehalt wesentlich länger haltbar als frische Butter. Gekühlt bis mehrere Monate. Ihr könnt sie ganz einfach auf Vorrat selbst herstellen. Beim Klären trennen sich Eiweiß und Wasser ab, sodass das reine Butterfett übrig bleibt. Es hat ein tolles, leicht nussiges Aroma und lässt sich höher erhitzen als Butter, ist also ideal zum Braten. Ich verwende es oft in meinen Rezepten, daher lohnt es sich, sie selbst herzustellen.

Für ca. 180 g geklärte Butter 250 g Butter in einen Topf geben und langsam schmelzen. Nun bei geringer Hitze 30–40 Minuten weiterköcheln lassen und den entstehenden weißen Schaum stetig mit einer Schaumkelle entfernen. Die Butter ohne Rühren so lange köcheln, bis sie klar wirkt und die Molke, die sich am Topfboden absetzt, hellbraun wird. Die Butter dann durch ein feines Sieb in ein sauberes Schraubglas gießen, abkühlen lassen, verschließen und kühl stellen.

PIMP IT UP: TOMATENSTAUB

Hier hab ich noch einen tollen Tipp für Euch: Wenn in einem Gericht Tomaten gehäutet werden (siehe Rezept Seite 180), könnt Ihr die Häute ganz einfach zu Tomatenstaub verarbeiten. Mit dem roten Staub lassen sich dann optische Akzente auf die Teller setzen. So geht's: Die Tomatenhäute im Ofen trocknen, anschließend fein hacken oder im Blitzhacker zu Staub verarbeiten.

RESPEKT FÜR PRODUKTE

Ich liebe es, über den Markt zu laufen und zu schauen, was es gerade an Obst und Gemüse gibt. Das inspiriert mich zu neuen Ideen und bestimmt, was ich koche. Denn was nützt es mir, wenn ich unbedingt etwas mit Tomaten kochen will, es aber nur blasse Exemplare von weit her und ohne Aroma gibt? Dann nehme ich doch lieber den knackigen Kohlkopf, der morgens ein paar Kilometer weiter noch auf dem Feld gestanden hat und zaubere daraus was Feines. Denn nur aus guten Grundzutaten lassen sich auch hervorragende Gerichte kochen. Mir ist der Respekt vor Lebensmitteln und die Qualität der Produkte deshalb sehr wichtig. Und ich bin auch bereit dazu, für gute Ware auch etwas mehr zu bezahlen. Schließlich gelangt das Essen, das wir kochen, am Ende in unseren Körper und wird ein Teil von uns – wie kann man ausgerechnet da nicht zu den bestmöglichen Produkten greifen?

KOCHEN NACH DEN JAHRESZEITEN

Natürlich gibt es Gerichte, die das ganze Jahr über schmecken. Aber am liebsten lasse ich mich beim Kochen von der Saison leiten und greife zu den Produkten, die gerade frisch geerntet werden. Auch bei der Zubereitung macht es einen Unterschied, ob es gerade Frühling wird, Hochsommer ist oder tiefster Winter. Wenn es kalt ist, sehnt man sich zum Beispiel nach gemütlich geschmorten Eintöpfen, während man in den wärmeren Monaten eher Lust auf knackig-frische Salate hat. Mir macht es Spaß, Gerichte an die Zeit anzupassen und ihnen durch die Verwendung der saisonalen Produkte immer wieder eine neue Note zu geben.

HEIMVORTEIL

Obst und Gemüse, das gerade Saison hat und aus der Region kommt, ist einfach unschlagbar: Es schmeckt besser, weil es ohne lange Transportwege in den Handel kommt und deshalb knackfrisch ist. Die kurzen Wege sorgen auch dafür, dass es besonders reich an Nährstoffen ist und nicht die Hälfte der Vitamine auf dem Weg von Übersee zu uns auf der Strecke geblieben ist. Außerdem ist es meist preiswert – und auch im Hinblick auf Nachhaltigkeit die bessere Wahl.

ACHTET AUF DAS ETIKETT

Kartoffeln müssen nicht aus Ägypten kommen, wenn sie auch bei uns um die Ecke wachsen. Spargel muss nicht extra aus Peru eingeflogen werden. Wenn er im Frühling aus der Region kommt, schmeckt er sowieso viel besser. Oft ist es erstaunlich, wo das, was wir täglich einkaufen, herkommt. Also besser genau das Etikett studieren, auf dem Markt oder im Geschäft nachfragen, wo die Lebensmittel herkommen. Das ist mir nicht nur bei Obst und Gemüse wichtig, sondern besonders auch bei Fleisch, Geflügel, Eiern und Milchprodukten. Bei Fisch ist es oft ganz besonders schwierig, vertretbare Ware zu finden. Denn viele Fischarten sind überfischt. Um die Bestände zu schonen, daher am besten im Einkaufsratgeber Fisch von Greenpeace nach aktuellen Informationen dazu schauen. Mein Tipp: Wer ein tollen Fisch bevorzugt, dem rate ich zum Bar de Ligne Loup. Dieser wird von Hand geangelt und wenn die Fangquote erreicht ist, darf er bis zur nächsten Saison nicht mehr gefischt werden!

GANZ PERSÖNLICH

Mein Tipp: Es lohnt sich, in der Umgebung nach guten Lebensmittelhändlern Ausschau zu halten und auf dem Markt nach den besten Ständen zu suchen. Werdet Ihr da Stammkunde, bekommt Ihr vom Händler Eures Vertrauens oft die beste Ware und vor allem auch gute Beratung. So wird der Einkauf zum Erlebnis und Ihr könnt sicher sein, mit guten Produkten nach Hause zu gehen.

Ital. Ringsalami
Als Ganze oder ½ Wurst

Unser Fleisch
ARTGERECHT
SELBSTGEJAGT
ALLES AUS
EIGENER
HERSTELLUNG
VON FREI-
LEBENDEN TIEREN

KOCHEN MACHT SPASS

Beim Kochen ist nichts in Stein gemeißelt – auch nicht meine Rezepte in diesem Buch! Experimentiert gerne damit nach Lust und Laune, nach Vorrat oder Saison. Denn in der Küche ist alles erlaubt und man darf sich auch mal was trauen. So entstehen oft die besten Ideen.

FLEXIBEL BLEIBEN

Die Aprikosenzeit ist schon vorbei? Dann probiert das Rezept einfach mal mit frischen Pflaumen. Wer weiß? Vielleicht entdeckt Ihr so sogar eine ganze neue Lieblingskombi beim Kochen. Auch wenn Ihr bestimmte Zutaten nicht gerne esst oder irgendwas nicht bekommen habt beim Einkaufen – versucht es doch einfach mit einer Alternative. Wenn Ihr Euch an die grundlegenden Sachen im Rezept haltet, wie Mengenverhältnisse, Garzeiten und -temperaturen, kann nichts schief gehen.

ÖFTER MAL WAS NEUES

Im Alltag kocht man oft immer wieder die gleichen Gerichte. Wenn Ihr ein bisschen mehr Abwechslung in Euren Speiseplan bringen wollt, versucht es doch mal damit: Jedes Familienmitglied darf sich pro Woche ein Lieblingsgericht wünschen. So kommt mehr Vielfalt in die Sache, als wenn einer alles festlegt. Plus: Alle sind zufrieden, weil sie mitbestimmen dürfen und es gibt weniger Gemecker am Tisch. Oder nehmt Euch vor, jedes Wochenende ein Essen zuzubereiten, dass Ihr noch nie gemacht habt. Mit den Rezepten in meinem Buch könnt Ihr gleich anfangen. Warum nicht ein Familienprojekt daraus machen und alle mithelfen lassen?

GESCHMACKSENTWICKLUNG

Damit, dass Ihr eine große Vielfalt an Gerichten und Lebensmitteln auf den Tisch bringt, helft Ihr auch Euren Kindern einen guten Geschmack zu entwickeln. Denn der Geschmack wird in der Kindheit geprägt. Und je mehr verschiedene Dinge man in dieser Zeit probiert, desto offener wird man meist in Sachen Ernährung. Wie soll man auch etwas mögen, was man gar nicht kennt? Je kleiner die Kinder sind, desto offener sind sie meist noch für Neues. Das Interesse an gesunden Lebensmitteln könnt Ihr dann auch gut spielerisch wecken. Lasst die Kleinen doch zum Beispiel beim Einkaufen ein Gemüse oder Obst in der Lieblingsfarbe aussuchen.

Studien zeigen: Kinder müssen neue Speisen mehrmals probieren, bis sie sich damit anfreunden und sie ihnen schmecken. Gebt also nicht so schnell auf, wenn die Kleinen mal was nicht gut finden. Bei uns gilt die Grundregel: Alles muss zumindest mal probiert werden. Wenn es nicht schmeckt, muss es nicht gegessen werden, aber beim nächsten Mal wieder probiert werden.

TAUSCHBÖRSE

Die Beilagen-Zutaten in den einzelnen Basic-Warenkörben der Kapitel könnt Ihr nach Belieben austauschen. Also einfach z. B. Nudeln statt Kartoffeln oder Risottoreis besorgen und als Beilage zu den Gerichten machen. Einfachste Möglichkeit: ein gutes Brot zu den Gerichten reichen. Das passt fast immer und muss nicht extra zubereitet werden. Ihr wollt lieber Low Carb essen? Dann lasst die kohlenhydrathaltigen Beilagen wie Kartoffeln oder Nudeln bei den Gerichten weg und macht stattdessen noch einen Salat oder eine Extra-Portion Gemüse dazu. Lieber vegetarisch essen? Dann macht statt Fleisch oder Fisch ein Spiegelei, gebratenen Tofu oder eine andere Veggie-Alternative zum Gericht. So könnt Ihr die Rezepte in diesem Buch ganz nach Eurem Geschmack und Euren Bedürfnissen kombinieren.

EINFACH IN BALANCE

ESSEN IST FAMILIENZEIT

Wisst Ihr, welchen Satz ich am meisten höre, wenn es ums Kochen geht? „Dafür habe ich keine Zeit." Das kann ich auf der einen Seite verstehen, denn natürlich fehlt auch mir oft Zeit im hektischen Alltag. Auf der anderen Seite, ist das Thema Essen für mich so wichtig, dass ich mir ganz bewusst Zeit dafür nehme und einplane. Denn Zeit hat man meist nicht, die nimmt man sich – für die Dinge und Menschen, die einem wichtig sind.

MEHR ALS SATT WERDEN

Meine Frau und ich legen Wert drauf, dass jeden Tag etwas Ordentliches auf den Tisch kommt und dass wir auch möglichst gemeinsam mit der ganzen Familie am Tisch sitzen und das Essen genießen. Dafür verzichten wir lieber auf die ein oder andere Freizeit-Aktivität oder drücken beim Aufräumen mal ein Auge zu. Denn was gibt es Schöneres, als mit seinen liebsten Menschen um den Tisch zu sitzen, etwas zu essen, was gut schmeckt und guttut und sich dabei über den Tag zu unterhalten? Bei den gemeinsamen Mahlzeiten geht es nämlich nicht nur um die Nahrungsaufnahme an sich, sondern auch darum, ein gemeinsames Erlebnis zu schaffen, sich auszutauschen – kurz gesagt, Zeit miteinander zu verbringen. Das schweißt die Familie zusammen und sorgt dafür, dass wir wissen, wie es den anderen gerade geht, was sie bewegt, was als nächstes ansteht, vom nächsten Urlaub zu träumen und natürlich auch gemeinsam zu lachen. Am Esstisch findet einfach das pralle Leben statt.

GUTE VORBILDER

Wichtig ist mir das Thema gemeinsame Mahlzeiten auch deshalb, weil ich weiß, dass das, was wir unseren Kindern täglich vorleben, sie für ihr restliches Leben prägen wird. Man kann den Kleinen noch so oft vorpredigen, wie wichtig gutes Essen und feste Mahlzeiten sind – nur, wenn man ihnen das auch täglich vorlebt, wird es zur selbstverständlichen Gewohnheit für sie. Das betrifft zum Beispiel auch das Thema Gemüse essen: Ich kann nur erwarten, dass meine Kinder beim Teller mit dem Knabbergemüse zugreifen, wenn ich mir da selbst auch was davon nehme.

WERTSCHÄTZUNG

Essen wird meist als Selbstverständlichkeit gesehen, über die man nicht groß nachdenkt. Aber das sollte man öfters mal tun: Ist es nicht großartig, wenn sich jemand jeden Tag in die Küche stellt und sich die Zeit nimmt, etwas für die Familie zu kochen? Das sollte man auch wertschätzen! Dazu gehört für mich, dass man sich für dieses Essen Zeit nimmt und es an einem schön gedeckten Tisch genießt, statt nebenbei im Stehen oder vor dem Fernseher. Ein gutes Essen verdient es einfach, dass man seinen ganzen Fokus darauf legt. Es tut auch dem Körper gut, wenn man in Ruhe kaut und genießt und nicht alles hektisch runterschlingt. Nur so merkt man auch rechtzeitig, wann man satt ist und isst nicht mehr, als man eigentlich braucht.

GENUSS AN ERSTER STELLE

Was mich wirklich auf die Palme bringt: Wenn das Essen fertig ist, aber erstmal noch die Küche aufgeräumt wird, die Spülmaschine eingeräumt wird – und das Essen dann verkocht oder wieder kalt ist, bis alle am Tisch sitzen. Sobald ein Gericht fertig ist zum Servieren, sollte erst mal der Genuss im Vordergrund stehen. Denn ein gutes Essen hat Aufmerksamkeit verdient, und der Koch Anerkennung für seine Mühe. Alles andere kann warten, bis man satt und zufrieden ist. Dann bleibt noch genug Zeit, um gemeinsam schnell klar Schiff in der Küche zu machen.

SO BLEIBE ICH FIT

Ganz ehrlich: Ich mache vor allem Sport, um mir beim Essen auch mal was gönnen zu können. Natürlich fühle ich mich auch besser und fitter, wenn ich mich mehr bewege. Aber meine Hauptmotivation ist tatsächlich, dass ich mich beim Genießen nicht zu sehr einschränken will.

BEWUSSTE ENTSCHEIDUNG

Als ich vor einigen Jahren angefangen habe, mich mehr zu bewegen und regelmäßig Sport zu machen, wollte ich mich vor allem wieder wohlfühlen in meiner Haut. Ganz unbemerkt hatte ich durch Stress und eine wenig bewusste Ernährung im Laufe der Zeit doch das ein oder andere Pfund angehäuft. Irgendwann war der Punkt erreicht, an dem ich was ändern wollte. Da habe ich mich ganz bewusst dafür entschieden, Sport zu einem Teil meines Alltags zu machen. Die Beschäftigung mit der Ernährung kam dann eigentlich automatisch dazu. Denn beides hängt untrennbar zusammen.

RICHTIGE BALANCE

Anfangs habe ich sehr viel Sport gemacht und abends immer auf Kohlenhydrate verzichtet. Dadurch waren die ersten Pfunde schnell runter und ich hoch motiviert, weiterzumachen. Damals habe ich auch gelernt, bewusst in mich reinzuhören und zu spüren, was mir guttut und was nicht. Nach und nach habe ich so meine Balance gefunden zwischen gesundem Genuss und regelmäßiger Bewegung. Denn nicht nur mein Gewicht hat sich in der Zeit verändert. Ich habe auch gemerkt, wie gut eine etwas bewusstere Ernährung und mehr sportliche Aktivität mir persönlich tun.

IN BEWEGUNG BLEIBEN

Mittlerweile fehlt mir was, wenn ich mal keine Zeit habe zum Sport machen. Ohne Laufschuhe im Koffer reise ich heute nirgendwo mehr hin. Denn laufen kann man überall – einfach Schuhe anziehen, und los. Dazu mache ich regelmäßig funktionelles Training, um die Muskeln zu stärken. Es ist nämlich so: Je mehr Muckis man hat, desto mehr Kalorien verbraucht der Körper sogar beim Nichtstun. Dazu muss man nicht ins Fitnessstudio rennen: Auch im Hotelzimmer kann man abends noch ein paar Liegestütze oder Kniebeugen machen, um sich fit zu halten. Im Alltag nehme ich mittlerweile jede Gelegenheit mich zu bewegen gerne an – Treppe statt Aufzug, öfters mal laufen oder mit dem Rad fahren statt das Auto zu nehmen.

Jeden Tag ein bisschen was machen bringt mehr für die Fitness und Gesundheit, als sich einmal in der Woche im Fitnessstudio komplett auszupowern. Also bitte nicht denken, heute habe ich eh keine Zeit für ein langes Workout, dann lasse ich es besser ganz. Denn jeder Schritt zählt!

TSCHÜSS, SCHWEINEHUND

Ganz klar, auch mir gelingt es nicht immer, mich selbst zu motivieren und nach einem langen Tag auch noch laufen zu gehen. Was mir dann dabei hilft, doch noch loszulaufen: Ich freue mich schon vorher auf das Gefühl, das man hinterher hat. Wenn man unter der Dusche steht und stolz darauf ist, dass man sich doch überwunden hat. Wenn ich es trotzdem nicht zum Sport schaffe – weil der Schweinehund diesmal einfach stärker ist oder ich wirklich keine Zeit habe –, dann achte ich besonders auf die Ernährung und versuche durch etwas leichteres Essen für Ausgleich zu sorgen statt ein schlechtes Gewissen zu haben. Das bringt nämlich gar nichts, außer Frust und schlechte Laune.

EINFACH ENTSPANNEN

Wenn ich an Entspannung denke, fällt mir als Erstes mein Garten ein. Das ist mein kleines Paradies. Wenn andere zum Yoga gehen um runterzukommen, gehe ich zum Rasenmähen. Da kann ich total abschalten und alles vergessen. Und hinterher auf der Terrasse sitzen, das Handy ausschalten – und einfach mal den Garten genießen.

ABSCHALTEN

Oft bin ich aber beruflich viel unterwegs und gar nicht zu Hause. Das kann ganz schön stressig sein. Daher versuche ich die Zeit im Zug oder im Flugzeug ganz bewusst zur Entspannung zu nutzen. Ich nehme mir dann manchmal richtig vor, dass ich jetzt schlafe. Die Ohrstöpsel mit Musik bleiben draußen, ich mache die Augen zu und versuche alle Umwelteinflüsse auszublenden. Gelingt mir das nicht auf Anhieb, konzentriere ich mich auf meinen Atem: einatmen, ausatmen – wenn man das ein paar Minuten ganz bewusst macht, kommt man ganz schnell runter. Und erholt sich dann bei so einem Powernap während der ganzen Reiserei erstaunlicherweise ziemlich gut.

Super zum Entspannen: Hand- und Fußkreisen. Das kann man überall im Sitzen machen. Erst 20 Mal die rechte Hand links herum kreisen lassen, dann 20 Mal rechts herum und dabei gleichzeitig den linken Fuß in die jeweils entgegengesetzte Richtung kreisen lassen. Dann mit der linken Hand und dem rechten Fuß wiederholen. Dadurch, dass man sich auf die Koordination der unterschiedlichen Bewegungen konzentrieren muss, verschwinden alle anderen Gedanken.

KOCHEN ENTSPANNT

Das Schnippeln und Rühren, Abschmecken und Anrichten von Gerichten kann eine sehr beruhigende Wirkung haben. Ich bin selbst immer wieder erstaunt, wie gut ich zu Hause beim Kochen abschalten kann. Ich glaube, es liegt daran, dass dabei alle Sinne angesprochen werden und man im Moment sein muss – rühren, damit das Essen nicht anbrennt, auf die Finger achten, damit man sich nicht mit dem Messer schneidet. Man muss seinen Fokus auf das richten, was man gerade tut. Das beruhigt die Gedanken und entstresst. Außerdem macht es Spaß, seinen Lieben etwas Gutes zu tun und sich selbst schon auf ein gemütliches Essen zu freuen. Das macht gute Laune und zufrieden. Probiert es aus, am besten mit den einfachen Gerichten in diesem Buch!

EINFACH KOCHEN

FRÜH-STÜCK

DEINE BASICS

- [ ] EIER (M)
- [ ] MILCH (3,5 %)
- [ ] NATUR-JOGHURT (3,5 %)
- [ ] BROT
- [ ] BUTTER
- [ ] QUARK (20 % FETT I. TR.)
- [ ] BANANE
- [ ] HAFERFLOCKEN
- [ ] FLÜSSIGER HONIG

FRÜHSTÜCK

DEINE PLUS-3-ZUTATEN

STRAMME FORELLE MIT KRESSE S. 44

- 1 Schale Gartenkresse
- 200 g Räucherforellenfilets
- 1 Stange Meerrettich

GEBEIZTER LACHS MIT REIBEKUCHEN S. 46

- 200 g frisches Lachsfilet
- 1 Bund Dill
- 100 g mehlig kochende Kartoffeln

ROTES KATER-FRÜHSTÜCK S. 48

- 200 g eingelegte Heringsfilets
- 2 rote Bete (gegart)
- 1 EL geröstete Kürbiskerne

BLOODY OATS MIT GEMÜSE S. 50

- 4 Stangen Staudensellerie
- 1 rote Paprikaschote
- 200 ml Tomatensaft

SPIEGELEIBRÖTCHEN MIT SPINAT S. 51

- 2 Laugenbrötchen
- 100 g Babyspinat
- 50 g Fetakäse

STEIRISCHER TOMATENSALAT S. 52

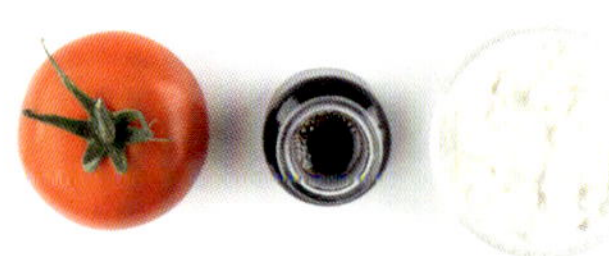

- 2 Tomaten
- 200 g Hüttenkäse
- 50 ml Kürbiskernöl

AVOCADO-CHORIZO-OMELETT S. 56

- 2 Tomaten
- 50 g Chorizo
- 1 Avocado

ZWIEBELPIEPEN-OMELETT MIT BIRNEN UND SPECK S. 58

- 6 Frühlingzwiebeln
- 1 Birne
- 50 g Speck in Scheiben

FRUITY JOGHURT MIT MANDELN S. 60

- 40 g Mandelstifte
- 200 g Wassermelone
- ½ Bund frische Minze

OBSTSALAT-BOWL S. 61

- 100 g Blaubeeren
- 100 g kernlose Weintrauben
- 50 g gesalzene geröstete Cashewkerne

ORANGEN-FEIGEN-PANCAKES S. 62

- 1 EL Backpulver
- 2 reife Feigen
- 1 Bio-Orange

ARME RITTER SÜSS-SAUER S. 64

- 1 kleine reife Avocado
- 1 pink Bio-Grapefruit
- 2 EL Leinsamen

12:2-OVERNIGHT-OATS MIT FRÜCHTEN S. 66

- 50 g geröstete Cashewkerne
- 1 kleine reife Mango
- 1 Granatapfel

HIRSEMÜSLI MIT WALNUSS UND ORANGE S. 67

- 2 Bio-Orangen
- 75 g Hirse, fein
- 25 g Walnusskerne

BANANEN-SCHOKO-TÖRTCHEN S. 68

- 150 g frischer Blätterteig (Kühlregal)
- 20 g Kakaobohnenbruch (Kakao-Nibs)
- 10 g Kakaopulver

STRAMME FORELLE
MIT KRESSE

MEINE BASICS

- 2 Scheiben Brot (à ca. 50 g)
- 2 TL Butter
- 2 Eier
- Salz
- Pfeffer
- 100 g Quark (20 % Fett i. Tr.)

+

- **1 Schale Gartenkresse**
- **200 g Räucherforellen-filets**
- **1 Stange Meerrettich**

2 Personen

ca. 10 Minuten

1. Die Brotscheiben im Toaster kross backen, kurz auskühlen lassen und mit 1 TL Butter bestreichen.
2. 1 TL Butter in einer beschichteten Pfanne erhitzen und die Eier darin zu Spiegeleiern braten. Mit Salz und Pfeffer würzen.
3. Inzwischen die Kresse mit der Schere vom Beet schneiden und mit dem Quark vermengen. Mit Salz und Pfeffer abschmecken und auf den Broten verteilen.
4. Die Forellenfilets mithilfe von 2 Gabeln in Stücke zupfen und auf die Brote verteilen. Je ein Spiegelei darauf setzen.
5. Den Meerrettich schälen und nach Geschmack etwas davon über die Brote reiben.

MEIN TIPP

Frischer Meerrettich lässt sich super in Küchenpapier gewickelt mehrere Wochen im Gemüsefach des Kühlschranks aufbewahren. Ihr könnt ihn auch geschält einfrieren und nach Bedarf gefroren reiben. So bleibt er monatelang frisch.

Pro Portion:

400 kcal | **39 g** E | **17 g** Fett | **22 g** KH

SCHÖN
LEICHT

GEBEIZTER LACHS
MIT REIBEKUCHEN

MEINE BASICS

- Salz
- 2 EL Honig
- 50 g Joghurt
- Pfeffer
- 50 g Haferflocken
- 1 Ei
- 40 g geklärte Butter (siehe Seite 25)

- **200 g frisches Lachsfilet (ohne Haut und ohne Gräten)**
- **1 Bund Dill**
- **100 g mehlig kochendene Kartoffeln**

2 Personen

ca. 30 Minuten (+ mind. 6 Stunden Wartezeit)

1. Am Vortag das Lachsfilet trocken tupfen. 40 g Salz und Honig verrühren. Die Hälfte des Dills waschen, trocken schütteln, die Fähnchen von den Stielen zupfen und fein hacken, unter die Salzmischung rühren. Die Hälfte der Mischung auf einem Stück Frischhaltefolie in Größe des Lachsstückes ausbreiten. Lachs darauf legen, mit übriger Mischung bedecken und in die Folie wickeln. Alles in Alufolie wickeln und z. B. mit einer Mineralwasserflasche leicht beschwert mindestens 6 Stunden, am besten über Nacht, zum Beizen kalt stellen.
2. Am nächsten Tag den Lachs aus der Beize nehmen und kurz mit kaltem Wasser abspülen. Den Lachs trocken tupfen und in möglichst dünne Scheiben oder Würfelchen schneiden.
3. Den übrigen Dill waschen, trocken schütteln, die Fähnchen von den Stielen zupfen und fein hacken. Unter den Joghurt rühren, mit Salz und Pfeffer abschmecken.
4. Die Kartoffeln schälen, waschen und auf einer Reibe fein reiben. Mit Salz würzen und verkneten, ca. 10 Minuten stehen lassen. Anschließend die Kartoffelraspel ausdrücken und die austretende Flüssigkeit in einer breiten Schüssel auffangen.
5. Die Haferflocken und das Ei zu den Kartoffelraspeln geben und alles gut verrühren. Jetzt die Flüssigkeit der ausgedrückten Kartoffeln vorsichtig, aber in einem Rutsch, abgießen. Die am Schüsselboden zurück gebliebene Kartoffelstärke zur Kartoffel-Haferflockenmasse geben und alles gut vermischen.
6. Die geklärte Butter in einer beschichteten Pfanne erhitzen. Pro Reibekuchen 1 gehäuften EL der Kartoffelmasse in die Pfanne geben, mit dem Löffel etwas flach streichen und pro Seite in 3–4 Minuten goldgelb braten. Auf Küchenpapier abtropfen lassen und mit Lachs und Dilljoghurt servieren.

Pro Portion:

530 kcal | **29 g** E | **29 g** Fett | **38 g** KH

FÜR
GÄSTE

ROTES KATERFRÜHSTÜCK

MEINE BASICS

- 2 Eier
- 100 g Quark
- Salz
- Pfeffer
- 2 Scheiben Brot
- 30 g Butter

- **200 g eingelegte Heringsfilets**
- **2 rote Bete (gegart)**
- **1 EL geröstete Kürbiskerne**

2 Personen

ca. 20 Minuten

1. Die Heringsfilets trocken tupfen und in 1–2 cm große Würfel schneiden.
2. Die beiden Eier in kochendes Wasser geben und ca. 7 Minuten kochen. Eier kalt abschrecken, pellen und hacken.
3. Die rote Bete auf einer Vierkantreibe grob raspeln und unter die Heringsfilets mischen. Jetzt das gehackte Ei und den Quark unterheben und alles mit Salz und Pfeffer pikant abschmecken.
4. Das Brot in kleine Würfel schneiden. Die Butter in einer beschichteten Pfanne erhitzen und die Brotwürfel darin rundherum leicht kross anbraten. Auf Küchenpapier entfetten und vor dem Servieren zusammen mit den Kürbiskernen als Crunch über dem Heringssalat verteilen.

Pro Portion:

525 kcal | **35 g** E | **31 g** Fett | **26 g** KH

GESUNDES FETT

BLOODY OATS
MIT GEMÜSE

MEINE BASICS

100 g Haferflocken
10 g Butter
Salz
Pfeffer
50 g Joghurt

4 Stangen Staudensellerie
1 rote Paprikaschote
200 ml Tomatensaft

2 Personen
10 Minuten (+ mind. 20 Minuten Wartezeit)

1. Die Haferflocken in einer beschichteten Pfanne ohne Fett anrösten bis sie duften, herausnehmen.
2. Staudensellerie putzen, entfädeln und waschen. Die Stangen in fingernagelgroße Stücke schneiden. Paprika halbieren, entkernen, waschen, mit einem Sparschäler rundherum schälen und in kleine Würfel schneiden.
3. Butter in einem Topf erhitzen. Gemüse darin anschwitzen, mit Tomatensaft ablöschen und mit Salz und reichlich Pfeffer pikant abschmecken. Auf die Haferflocken gießen und abgedeckt mindestens 20 Minuten quellen lassen.
4. Oats mit Joghurt verrühren und mit Sellerieblättern garnieren.

MEIN TIPP

Die Oats lassen sich schon abends vorbereiten und übernachten dann im Kühlschrank. Dann müsst Ihr morgens nur noch den Joghurt unterrühren und die Sellerieblätter draufgeben.

Pro Portion:

300 kcal | **10 g** E | **10 g** Fett | **42 g** KH

SPIEGELEIBRÖTCHEN MIT SPINAT

MEINE BASICS

- 10 g Butter
- Salz
- Pfeffer
- 2 Eier

- **2 Laugenbrötchen**
- **100 g Babyspinat**
- **50 g Fetakäse**

2 Personen

ca. 25 Minuten

1. Den Backofen auf 180 °C Ober-/Unterhitze (160 °C Umluft) vorheizen. Von den Laugenbrötchen den Deckel entfernen und den unteren Teil der Brötchen aushöhlen.
2. Babyspinat verlesen, waschen und gut abtropfen lassen. Butter in einer Pfanne zerlassen. Spinat zugeben und unter Wenden 2–3 Minuten anschwitzen, bis er zusammengefallen ist. Mit Salz und Pfeffer würzen.
3. Fetakäse über den Spinat bröseln und untermischen. Masse in die Brötchenunterhälften füllen. Dabei in die Mitte eine Mulde eindrücken.
4. Je 1 Ei in die Mulden geben und im heißen Ofen 12–15 Minuten backen, bis das Eiweiß gestockt, aber das Eigelb noch flüssig ist. Mit etwas schwarzem Pfeffer würzen und servieren.

MEIN TIPP

Füllung und Deckel trocknen und aufbewahren für eventuelle Semmelbrösel oder Knödel.

Pro Portion:

370 kcal | **18 g** E | **17 g** Fett | **35 g** KH

STEIRISCHER TOMATENSALAT

MEINE BASICS

- Salz
- Pfeffer
- 2 EL Haferflocken

- **2 Tomaten**
- **200 g Hüttenkäse**
- **50 ml Kürbiskernöl**

2 Personen

ca. 10 Minuten

1. Die Tomaten waschen, trocken reiben und in gleichmäßige Scheiben schneiden. Auf zwei Tellern ausbreiten, mit Salz und Pfeffer würzen.
2. Den Hüttenkäse mit Salz und Pfeffer abschmecken und mit dem Kürbiskernöl anmachen.
3. Die Haferfocken in einer Pfanne kurz anrösten, bis sie duften, herausnehmen. Hüttenkäse auf den Tomaten anrichten und mit den gerösteten Haferflocken bestreuen.

Pro Portion:

370 kcal | **14 g** E | **15 g** Fett | **5 g** KH

LOW CARB

Espresso 1,50
al banco
Espresso Macchiato 1,50
Espresso Doppio 3,00
Cappuccino 2,50
Milchcaffèe 2,50
Caffèe 2,00
Latte Macchiato 3,00
Schokolade 2,50
Weißwein 0,1l 3,50
Riesling, Scheurebe, White Scrabble
Weißwein 0,1l 3,50
Weißburgunder
Grauburgunder
Rotwein 0,1l 3,50
Red Scrabble
Sauvignon blanc 0,1l 3,5
Rosé 0,1l 3,5
Winzer Sekt 0,1l 3,5

AVOCADO-CHORIZO-OMELETT

MEINE BASICS

- 6 Eier
- Salz
- Pfeffer

- 2 Tomaten
- 50 g Chorizo
- 1 reife Avocado

2 Personen

ca. 20 Minuten

1. Die Eier in einer Schüssel verquirlen und mit Salz und Pfeffer abschmecken. Die Tomaten waschen, trocken reiben und in Scheiben schneiden.
2. Chorizo aus der Pelle lösen, klein würfeln und in einer Pfanne oder hitzefesten Form unter Wenden auslassen.
3. Inzwischen die Avocado halbieren, den Stein entfernen die Hälften schälen. In schmale Spalten schneiden, zur Chorizo in die Pfanne geben und 2–3 Minuten anbraten. Die Eiermasse darüber gießen.
4. Mit Tomatenscheiben belegen und ca. 3 Minuten stocken lassen. Deckel auflegen und bei kleiner Hitze weitere ca. 10 Minuten stocken lassen, bis die Oberfläche gerade fest ist.

MEIN TIPP

Wer das Omelett etwas lockerer und luftiger mag, rührt unter das verquirlte Ei noch 100 ml Milch. Besonders lecker: das Omelett vor dem Servieren noch mit Croutons verfeinern. Dazu Brotwürfel in etwas Butter knusprig braten.

Pro Portion:

540 kcal | **30 g** E | **44 g** Fett | **6 g** KH

HERZHAFTER START

ZWIEBELPIEPEN-OMELETT
MIT BIRNEN UND SPECK

MEINE BASICS

- 3 Eier
- Salz
- Pfeffer
- 10 g Zucker
- 20 g Butter
- 2 Scheiben Brot

- **6 Frühlingzwiebeln (Zwiebelpiepen)**
- **1 Birne**
- **50 g Speck in Scheiben**

2 Personen

ca. 20 Minuten

1. Die Eier in einem großen Messbecher verquirlen und mit Salz und Pfeffer würzen.
2. Die Frühlingszwiebeln putzen, waschen und diagonal in dünne Ringe schneiden. Die Birne schälen, vierteln, entkernen und längs in dünne Spalten schneiden. Den Speck quer in feine Streifen schneiden. Den Zucker in einer Pfanne schmelzen und karamellisieren. Den Speck und die Birne zugeben und unter Wenden ca. 3 Minuten anbraten. Etwa ⅔ der Frühlingszwiebeln zugeben und weitere ca. 2 Minuten braten.
3. Die Eiermasse gleichmäßig über die Mischung in der Pfanne gießen und bei kleiner Temperatur ca. 8 Minuten stocken lassen, bis die Oberfläche glänzend und saftig ist. Mit restlichen Frühlingszwiebeln garnieren.
4. Zusammen mit gebuttertem Brot servieren.

MEIN TIPP

Spannender ist es, wenn Ihr das Brot in kleine Croutons schneidet und es in geklärter Butter (siehe Seite 25) kross bratet. Vor dem Servieren über das fertige Omelett streuen.

Pro Portion:

475 kcal | **21 g** E | **21 g** Fett | **50 g** KH

ECHT
GÜNSTIG

FRUITY JOGHURT
MIT MANDELN

MEINE BASICS

2–3 EL Honig

200 g Joghurt

- **40 g Mandelstifte**
- **200 g Wassermelone**
- **½ Bund frische Minze**

2 Personen

ca. 20 Minuten

1. Die Mandelstifte in einer Pfanne ohne Fett unter Wenden goldgelb rösten, herausnehmen.
2. Die Melone schälen und das Fruchtfleisch in schmale Scheiben (Dreiecke) schneiden. In einer Grillpfanne pro Seite 3–4 Minuten grillen, bis die Melone schöne Grillstreifen hat (die bekommt sie durch das Karamellisieren des enthaltenen Fruchtzuckers). Melonenstücke mit 1 EL Honig beträufeln.
3. Die Minze waschen, trocken schütteln, die Blätter von den Stielen zupfen und fein hacken. Unter den Joghurt rühren und nach Geschmack mit 1–2 EL Honig süßen. Die gegrillten Melonenstücke auf dem Joghurt anrichten und mit den gerösteten Mandelstiften bestreuen.

MEIN TIPP

Statt Wassermelone könnt Ihr auch Pfirsich- oder Nektarinenspalten verwenden.

Pro Portion:

290 kcal	10 g E	15 g Fett	30 g KH

OBSTSALAT-
BOWL

MEINE BASICS

1 Banane

2 EL Quark

1 EL Honig

1 EL Haferflocken

75 ml Milch

100 g Blaubeeren

100 g kernlose Weintrauben (nach Belieben weiß oder rot)

50 g gesalzene geröstete Cashewkerne

2 Personen

ca. 10 Minuten

1. Die Banane schälen. Die Beeren waschen und verlesen. Die Weintrauben waschen, von den Rispen zupfen. Ein Drittel der Banane und jeweils einen kleinen Teil der Beeren und Trauben zur Dekoration zur Seite legen.
2. Übrige Früchte und alle übrigen Zutaten, bis auf die Cashewkerne, in einen Mixer geben und zu einem löffelbaren Smoothie verarbeiten. Ist der Smoothie zu dickflüssig, noch etwas Milch untermixen.
3. Smoothie in zwei Schalen gießen. Die Cashewkerne grob hacken. Smoothie-Bowl mit dem zur Seite gelegten Obst und den Cashewkernen dekorativ belegen.

Pro Portion:

350 kcal | **9 g** E | **15 g** Fett | **43 g** KH

ORANGEN-FEIGEN-PANCAKES

MEINE BASICS

- 50 g Butter
- 1 Ei
- 2 TL Honig
- 200 ml Milch
- 125 g Hafermehl (siehe Tipp)
- Salz

- **1 EL Backpulver**
- **2 reife Feigen**
- **1 Bio-Orange**

2 Personen

ca. 25 Minuten

1. 30 g Butter in einer Pfanne schmelzen, leicht bräunen. Ei mit brauner Butter, 1 TL Honig und Milch mit einem Handrührgerät aufschlagen. Backpulver, Hafermehl und eine Prise Salz vermengen. Zur Milch-Mischung geben und untermengen. Alles ca. 10 Minuten quellen lassen.

2. 10 g Butter in einer großen beschichteten Pfanne erhitzen. Pro Pancake 1 gehäufter EL Teig in die Pfanne geben, zu einem handtellergroßen Pancake ausstreichen von beiden Seiten in 4–5 Minuten goldbraun backen. Evtl. im Backofen bei 75 °C warmhalten.

3. Die Feigen waschen, trocken reiben und sechsteln. Die Orange heiß waschen, trocken reiben und die Schale fein abreiben. Orange halbieren, Saft auspressen. Übrige Butter in einer Pfanne zerlassen, Feigen darin 2–3 Minuten unter Wenden sanft anbraten. Orangensaft und -schale zugeben und leicht einköcheln. Mit 1 TL Honig würzen und als Topping auf den Pancakes servieren.

MEIN TIPP

Das Hafermehl könnt Ihr gleich in einer größeren Menge herstellen, z. B. 250 g Haferflocken im Blitzhacker zerkleinern und in einem Vorratsglas aufbewahren. Ihr braucht es z. B. für das Rezept auf Seite 68. Es eignet sich aber auch super als Zugabe zu Smoothies oder Joghurt und lässt sich für Müsli verwenden.

Pro Portion:

630 kcal | **18 g** E | **33 g** Fett | **66 g** KH

FÜR
SONNTAGS

ARME RITTER
SÜSS-SAUER

MEINE BASICS

- Salz
- Pfeffer
- 50 g Quark
- 1–2 EL Honig
- 2 Eier
- 50 ml Milch
- 2 Scheiben Brot
- 20 g Butter

- **1 kleine reife Avocado**
- **1 pink Bio-Grapefruit**
- **2 EL Leinsamen**

2 Personen

ca. 20 Minuten

1. Die Avocado halbieren und den Kern herauslösen. Das Fruchtfleisch mit einem Löffel aus der Schale lösen. Mit Salz und Pfeffer würzen und mit einer Gabel solange zerdrücken, bis eine leicht stückige Creme entstanden ist. Die Grapefruit heiß waschen, trocken reiben und etwas Schale fein abreiben. Unter die Avocadocreme rühren.

2. Die Grapefruit so schälen, dass auch die weiße Haut vollständig entfernt wird. Die Filets zwischen den Trennhäuten herausschneiden, Saft dabei auffangen. Quark mit aufgefangenem Saft und Honig süß-sauer abschmecken. Grapefruitfilets, bis auf zwei Stück, unterheben.

3. Die Eier mit der Milch verquirlen und mit Salz und Pfeffer würzen, Brotscheiben darin einweichen. Butter in einer Pfanne erhitzen, Brotscheiben von beiden Seiten in Leinsamen wälzen und in der Butter von beiden Seiten in ca. 5 Minuten goldbraun und knusprig braten.

4. Auf den armen Rittern nun die Avocadocreme verteilen und darauf die Quarkcreme anrichten. Mit übrigen Grapefruitfilets garnieren.

Pro Portion:

510 kcal | **18 g** E | **32 g** Fett | **36 g** KH

SUPER
KOMBI

12:2-OVERNIGHT-OATS
MIT FRÜCHTEN

MEINE BASICS

- 75 g Haferflocken
- 75 ml Milch
- 150 g Joghurt
- 2 TL Honig

- **50 g geröstete Cashewkerne**
- **1 kleine reife Mango**
- **1 Granatapfel**

2 Personen

ca. 15 Minuten (+ 12 Stunden Wartezeit)

1. Am Vorabend die Haferflocken mit der Milch einweichen und abgedeckt im Kühlschrank ca. 12 Stunden quellen lassen. Die Cashewkerne in einer Pfanne ohne Fett goldbraun rösten, grob hacken und zur Seite stellen. Die Mango vom Stein schneiden, das Fruchtfleisch schälen und würfeln. Granatapfel halbieren und die Kerne herausklopfen. Beides abgedeckt kalt stellen.

2. Am nächsten Morgen Haferflocken mit Joghurt verrühren und mit Honig süßen. Cashewkerne und Mango untermischen. Mit Granatapfelkernen bestreuen.

MEIN TIPP

Dieses Frühstück ist ein absoluter Quicky. Die 12 im Titel bezieht sich auf die zwölfstündige Einweichzeit der Haferflocken, die 2 darauf, dass man am Morgen wirklich nur noch 2 Minuten zum Fertigstellen braucht.

Pro Portion:

480 kcal | **13 g** E | **20 g** Fett | **61 g** KH

HIRSEMÜSLI
MIT WALNUSS UND ORANGE

MEINE BASICS

- 200 ml Milch
- 100 g Joghurt
- 1 EL Haferfocken
- 2 TL Honig
- 1 Banane

- **2 Bio-Orangen**
- **75 g Hirse, fein**
- **25 g Walnusskerne**

2 Personen

ca. 25 Minuten

1. Die Orangen heiß waschen und trocken reiben. Von einer Orange die Schale fein abreiben und den Saft auspressen. Die Hirse mit Orangenschale, -saft und Milch in einen Topf geben, unter Rühren aufkochen, Deckel auflegen und ca. 10 Minuten auf kleinster Flamme köcheln lassen. Vom Herd nehmen und zugedeckt quellen lassen.
2. In der Zwischenzeit die zweite Orange so schälen, dass auch die weiße Haut vollständig entfernt wird. Die Filets zwischen den Trennhäuten herausschneiden. Den austretenden Saft dabei auffangen. Die Hirse mit einer Gabel auflockern. Aufgefangenen Saft, Joghurt, Haferflocken und Honig zugeben und einrühren. Die Hirse anrichten.
3. Die Banane schälen, in Scheiben schneiden und auf der Hirse anrichten. Die Walnusskerne in einer Pfanne ohne Fett anrösten, bis sie duften. Herausnehmen, mit einem Messerblatt leicht anknacken und über die Hirse streuen.

MEIN TIPP

Ihr könnt die Walnusskerne auch gleich auf Vorrat in größerer Menge rösten. So geht´s morgens etwas schneller. Die Walnusskerne dafür auf einem Blech ausbreiten und bei 180 °C (Ober-/Unterhitze) ca. 8 Minuten rösten. Auskühlen lassen und in einem Schraubglas aufbewahren.

Pro Portion:

470 kcal | **13 g** E | **16 g** Fett | **66 g** KH

BANANEN-SCHOKO-TÖRTCHEN

MEINE BASICS

- 40 g Butter + Butter zum Auspinseln
- 2 Eier
- 4 EL Honig
- 150 g Quark
- 40 g Hafermehl (siehe Seite 62)
- 2 Bananen

+

- **150 g frischer Blätterteig (Kühlregal)**
- **20 g Kakaobohnenbruch (Kakao-Nibs)**
- **10 g Kakaopulver**

4 Stück

ca. 25 Minuten

1. Den Backofen auf 180 °C Ober-/Unterhitze (160 °C Umluft) vorheizen. Den Blätterteig leicht ausrollen, mit einer Gabel großzügig einstechen und in 4 gleichmäßige Rechtecke schneiden. 4 Muffinförmchen mit Butter auspinseln und den Teig vorsichtig hineinlegen. Überschüssigen Teig abschneiden.

2. Für die Füllung die Eier zusammen mit 40 g Butter aufschlagen, Honig und Quark unterrühren. Zum Schluss das Hafermehl sieben, zugeben und vorsichtig unterziehen. Bananen schälen und würfeln. Bananenwürfel mit dem Kakaobohnenbruch in die Masse einarbeiten. Die Muffinförmchen zu jeweils zwei Drittel mit der Masse füllen. Im heißen Ofen ca. 12 Minuten goldgelb backen. Nach dem Stürzen und erkalten lassen und mit Kakaopulver bestreuen.

Pro Stück:

460 kcal | **13 g** E | **28 g** Fett | **42 g** KH

FÜR
SÜßE

KLASSIKER

DEINE BASICS

- ☐ KARTOFFELN
- ☐ ZWIEBELN
- ☐ SONNENBLUMENÖL
- ☐ EIER (M)
- ☐ BUTTER
- ☐ PASTA
- ☐ MILCH (3,5 %)
- ☐ PARMESAN
- ☐ DINKELMEHL (TYPE 630)

KLASSIKER

DEINE PLUS-3-ZUTATEN

STUDENTENSCHNITZEL MIT TOMATENPASTA S. 74

- 2 Hähnchenbrustfilets (à ca. 150 g)
- 80 g Studentenfutter
- 50 g getrocknete Tomaten

POTSDAMER SCHMORGURKEN S. 76

- 3 Salatgurken
- 200 g gemischtes Hackfleisch
- 1 Bund Dill

BAUERNOMELETT MIT KOPFSALAT S. 77

- 200 g Speck
- 1 Kopfsalat
- 25 ml Weißweinessig

BRATKARTOFFELN MIT FLÖNZ UND SPIEGELEI S. 78

- 150 g Flönz (Kölsche Blutwurst)
- 6 Frühlingszwiebeln
- 6 Radieschen

HÜHNERSCHENKEL NIÇOISE S. 82

- 2 Hähnchenschenkel (à ca. 250 g)
- 75 g schwarze Oliven in Öl
- 200 g grüne Keniabohnen

DÖPPEKOOCHE – DER RHEINISCHE KLASSIKER S. 84

- 1 Schalotte
- 5 Scheiben Bauchspeck (à ca. 10 g)
- 4 Frühlingszwiebeln

PFIFFERLINGS-CARBONARA S. 86

- 250 g kleine Pfifferlinge
- 120 g Speck
- 2 junge Knoblauchzehen

BUTTERLACHS MIT PAPRIKAPASTA S. 88

- 2 Paprikaschoten (rot, gelb)
- 2 Lachsfilets (ohne Haut und Gräten; à ca. 140 g)
- ½ Bund Basilikum

FORELLE „NONPAREILLES" MIT KARTOFFELN S. 89

- ½ Bund glatte Petersilie
- 300 g Forellenfilets mit Haut
- 50 g kleine Kapern „Nonpareilles"

PICCATA PESCE MIT KIRSCHTOMATEN S. 90

- 1 Bund Basilikum
- 250 g Kirschtomaten
- 250 g weißes Fischfilet (z. B. Kabeljau oder Schellfisch)

PASTA ALLA VONGOLE – LÖWES LIEBLINGSPASTA S. 92

- 4 Knoblauchzehen
- 500 g Venusmuscheln (geputzt und gewaschen)
- 150 ml trockener Weißwein

ZUCCHINI-RÖSTI UND AIOLI OHNE EI S. 94

- 2 kleine Zucchini
- 3 Knoblauchzehen
- 10 g Senf

SPINAT-BLAUSCHIMMEL-GNOCCHI S. 95

- 500 g Kirschtomaten
- 80 g Blauschimmelkäse (z. B. Gorgonzola)
- 250 g Babyspinat

SOMMERKRACHER PARTY-PASTASALAT S. 96

- 150 g gute schwarze Oliven in Olivenöl (ohne Stein)
- 1 kleine Wassermelone
- 250 g Fetakäse

SENFEIER MIT PÜREE UND ROTE BETE S. 98

- 60 ml Himbeeressig
- 100 g feiner Dijon-Senf
- 3 gekochte Rote Bete

STUDENTENSCHNITZEL
MIT TOMATENPASTA

MEINE BASICS

- Salz
- Pfeffer
- 1 Ei
- 15 g Mehl
- 40 ml Sonnenblumenöl
- 10 g Butter
- 150 g Pasta
- 2 Zwiebeln

+

- **2 Hähnchenbrustfilets (à ca. 150 g)**
- **80 g Studentenfutter**
- **50 g getrocknete Tomaten in Öl**

2 Portionen

ca. 30 Minuten

1. Die Hühnerbrüste von der Haut befreien, zwischen zwei Lagen Klarsichtfolie legen und mithilfe eines schweren Topfes flach klopfen. Mit Salz und Pfeffer würzen.
2. Ei in einem tiefen Teller verquirlen. Das Studentenfutter fein hacken und in einen zweiten tiefen Teller geben. Das Mehl in einen dritten tiefen Teller geben.
3. Anschließend die Schnitzel erst in Mehl wenden und überschüssiges Mehl abklopfen. Dann durch das Ei ziehen und schließlich in der Studentenfuttermischung wälzen. Die Panade gut festdrücken.
4. Das Öl mit der Butter in einer großen Pfanne erhitzen. Die Schnitzel darin pro Seite in 5–6 Minuten goldgelb ausbacken.
5. Während die Schnitzel backen, die Pasta nach Packungsangabe in Salzwasser kochen. Die Zwiebeln schälen und fein würfeln. Die Tomaten gut abtropfen lassen und klein hacken. 1 EL des Tomatenöls in einer zweiten Pfanne erhitzen, die Zwiebeln darin anschwitzen. Die Tomaten zugeben. Die Pasta abgießen, abtropfen lassen und unter die Zwiebel-Tomaten-Mischung heben. Die Schnitzel auf Küchenpapier abtropfen lassen und mit der Pasta servieren.

MEIN TIPP

Das Rezept geht auch mit Kalbs- oder Schweineschnitzel statt Hühnerfilet. Wenn Ihr wollt, könnt Ihr die Panierung noch mit 2 EL geriebenem Parmesan aufmotzen. Einfach unter das Studentenfutter mischen.

Pro Portion:

765 kcal | **56 g** E | **27 g** Fett | **71 g** KH

SCHÖN
KNUSPRIG

POTSDAMER SCHMORGURKEN

MEINE BASICS

- Salz
- Pfeffer
- 300 g Kartoffeln
- 2 Zwiebeln
- 2 TL Sonnenblumenöl
- ca. 100 ml Wasser
- 50 ml Milch
- 50 g Butter

- **3 Salatgurken**
- **200 g gemischtes Hackfleisch**
- **1 Bund Dill**

2 Portionen
ca. 35 Minuten

1. Die Gurken schälen und der Länge nach halbieren. Die Kerne mit einem kleinen Löffel herauskratzen, das Fruchtfleisch schräg in ca. 1 cm breite Stücke schneiden. In einer Schüssel mit Salz und Pfeffer würzen.
2. Die Kartoffeln schälen, waschen und knapp bedeckt mit Salzwasser zugedeckt ca. 20 Minuten kochen.
3. Zwiebeln schälen und fein würfeln. 2 TL Sonnenblumenöl in einer Pfanne erhitzen. Das Hackfleisch darin unter Wenden scharf anbraten und mit Salz und Pfeffer würzen. Dabei immer wieder mit einem Holzkochlöffel die Struktur des Hackfleisches zerdrücken, bis es schön krümelig ist. Zwiebeln zugeben, kurz mitbraten, dann die Gurkenstücke samt entstandener Flüssigkeit hinzugeben, schluckweise mit Wasser ablöschen und zugedeckt bei kleiner Hitze 10–12 Minuten schmoren, bis die Gurken weich sind. Dabei eventuell noch etwas Wasser zugeben.
4. Den Dill waschen, trocken schütteln, die Fähnchen von den Stielen zupfen und fein hacken. Unter die Schmorgurken rühren und mit Salz und Pfeffer abschmecken.
5. Die Kartoffeln abgießen, abtropfen lassen. Die Milch mit der Butter erhitzen, Kartoffeln zugeben und alles zu einem Stampf zerdrücken. Mit Salz abschmecken. Zu den Gurken servieren.

Pro Portion:

695 kcal | **27 g** E | **48 g** Fett | **40 g** KH

BAUERNOMELETT
MIT KOPFSALAT

MEINE BASICS

- 300 g Kartoffeln
- 1 EL + 50 ml Sonnenblumenöl
- Salz
- 2 Zwiebeln
- 50 g Butter
- 8 Eier
- Pfeffer

+

- **200 g Speck**
- **1 Kopfsalat**
- **25 ml Weißweinessig**

2 Portionen

ca. 50 Minuten

1. Die Kartoffeln gründlich waschen und knapp mit Salzwasser bedeckt ca. 20 Minuten kochen. Anschließend abgießen, kalt abschrecken, pellen und in schmale Scheiben schneiden.
2. 1 EL Öl in einer beschichteten großen Pfanne erhitzen. Die Kartoffelscheiben darin ca. 5 Minuten goldgelb braten, dabei einmal wenden. Mit etwas Salz würzen. Den Speck würfeln, zu den Kartoffeln geben und weiterbraten, bis der Speck kross ausgebacken und die Kartoffeln goldbraun sind.
3. Zwiebeln schälen und sehr fein würfeln. Die Hälfte der Zwiebelwürfel mit der Butter in die Pfanne geben und weiterbraten, bis die Zwiebeln glasig sind.
4. Jetzt die Eier verquirlen, mit etwas Salz und Pfeffer würzen und in die Pfanne geben. Das Ei anstocken lassen und durch vorsichtiges Umklappen mit einem Pfannenwender alles in „Omelett-Form" bringen. Weitere ca. 5 Minuten garen, bis das Ei außen gestockt, innen aber noch cremig ist.
5. Den Kopfsalat putzen, waschen, gut trocken schleudern und in mundgerechte Stücke „pflücken". Für die Vinaigrette die übrigen Zwiebelwürfel mit reichlich Salz und Zucker vermengen. Kurz ruhen lassen, dann Essig und einen Schluck Wasser zugeben. 50 ml Öl unterschlagen. Vinaigrette mit Salz abschmecken, Salat gut marinieren und zum Bauernomelett servieren.

MEIN TIPP

Der Geschmack dieser einfachen Salatsauce hängt maßgeblich von der Qualität des Öles und des Essigs ab – hier solltet Ihr Euch deshalb unbedingt was Gutes gönnen.

Pro Portion:

730 kcal | **35 g** E | **54 g** Fett | **23 g** KH

BRATKARTOFFELN
MIT FLÖNZ UND SPIEGELEI

MEINE BASICS

300 g Kartoffeln
Salz
3 TL Sonnenblumenöl
1 Zwiebel
15 g Butter
Pfeffer
2 Eier

- **150 g Flönz (Kölsche Blutwurst; geht natürlich auch mit anderer Blutwurst)**
- **6 Frühlingszwiebeln**
- **6 Radieschen**

2 Portionen
ca. 45 Minuten

1. Die Kartoffeln waschen, knapp mit Salzwasser bedeckt in einem Topf aufkochen und zugedeckt ca. 20 Minuten garen. Anschließend abgießen, kalt abschrecken und pellen. In dünne Scheiben schneiden. 2 TL Öl in einer Pfanne erhitzen. Die Kartoffeln darin in ca. 10 Minuten von beiden Seiten rösch braten, aus der Pfanne nehmen und auf Küchenpapier entfetten.

2. Die Zwiebel schälen und in Streifen schneiden. 10 g Butter im Bratfett in der Pfanne erhitzen und die Zwiebel darin hellbraun anbraten. Flönz aus der Pelle lösen und in kleine Würfel schneiden. Frühlingszwiebeln putzen, waschen und diagonal in sehr feine Scheiben schneiden. Beides zu den Zwiebeln geben. Flönz unter Schwenken flüssig auslassen. Jetzt rasch die krossen Kartoffelscheiben unterheben, salzen und pfeffern.

3. Parallel in einer zweiten Pfanne übriges Öl und Butter erhitzen. Eier darin zu krossen Spiegeleiern braten. Spiegeleier auf Bratkartoffeln mit Flönz anrichten. Die Radieschen putzen, waschen und über das Gericht hobeln.

MEIN TIPP

Das Rezept funktioniert auch super mit Kartoffeln vom Vortag! Damit die Spiegeleier keine „weißen Punkte" vom Salz bekommen, einfach das darunter befindliche Bratfett würzen!

ÜBRIGENS …

stammt das Rezept von meinem Freund Ulli Krause, den ich noch aus meiner Lehre auf der Bühlerhöhe kenne. Damals hat er mir dieses Gericht immer in meiner Pause serviert und seitdem ist es – sowie auch Familie Krause – ein fester Bestandteil in meinem Leben. Jedes mal wenn ich es koche, muss ich mich bei ihm melden, so auch dieses Mal … siehe Seite 80.

Pro Portion:

610 kcal | **24 g** E | **44 g** Fett | **29 g** KH

SCHÖN
DEFTIG

36

HÄHNCHENSCHENKEL
NIÇOISE

MEINE BASICS

- Salz
- Pfeffer
- 2 Kartoffeln
- 1 Zwiebel
- 2 Eier
- 50 g Parmesan

- **2 Hähnchenschenkel (à ca. 250 g)**
- **75 g schwarze Oliven in Öl**
- **200 g grüne Keniabohnen**

2 Portionen

ca. 50 Minuten

1. Den Backofen auf 160 °C Umluft vorheizen. Die Hähnchenschenkel in Unter- und Oberschenkel zerlegen, salzen und pfeffern. Die Oliven abtropfen lassen, dabei 15 ml Öl auffangen. Die Oliven entsteinen und halbieren.
2. 10 ml des Olivenöls in einer ofenfesten Pfanne erhitzen und die Hähnchenteile darin rundherum goldbraun anbraten. Pfanne in den Ofen stellen und die Hähnchenteile ca. 25 Minuten garen.
3. Inzwischen die Kartoffeln schälen, waschen und in ca. 1 cm große Würfel schneiden. In kochendem Salzwasser in 8–10 Minuten bissfest garen. Währenddessen die Zwiebel schälen und in feine Streifen schneiden.
4. Die Keniabohnen putzen, waschen, halbieren und in kochendem Salzwasser ca. 12 Minuten kochen. Kartoffeln und Bohnen abgießen, dabei etwas Bohnenkochwasser aufbewahren.
5. Die Eier in kochendes Wasser geben und ca. 6 Minuten kochen, abschrecken und pellen. Parmesan fein reiben.
6. 5 ml Olivenöl in einer beschichteten Pfanne erhitzen. Die Zwiebelstreifen darin hellbraun braten, Kartoffelwürfel zugeben und kurz mitbraten, bis die Ecken Farbe bekommen. Dann sofort die Bohnen und entsteinten Oliven hinzugeben. Mit etwas Bohnenwasser ablöschen und Parmesan einrühren, sodass die Flüssigkeit etwas andickt. Gesechstelte Eier hinzugeben und alles zusammen in der Pfanne durch schwenken. Zusammen mit den knusprigen Hähnchenkeulen servieren.

Pro Portion:

720 kcal | **44 g** E | **51 g** Fett | **21 g** KH

AROMA-
BOMBE

DÖPPEKOOCHE – DER RHEINISCHE KLASSIKER

MEINE BASICS

- 400 g Kartoffeln
- 3 Eier
- Salz
- Pfeffer

- **1 Schalotte**
- **5 Scheiben Bauchspeck (à ca. 10 g)**
- **4 Frühlingszwiebeln**

2 Portionen

ca. 50 Minuten

1. Den Backofen auf 170 °C Ober-/Unterhitze (150 °C Umluft) vorheizen. Die Kartoffeln schälen, waschen und auf einer Haushaltsreibe fein reiben. Die Eier kurz verquirlen, Kartoffelraspel untermischen, mit Salz und Pfeffer abschmecken. Die Schalotte schälen und sehr fein würfeln, unter die Kartoffelmasse mischen.

2. 1 Scheibe Bauchspeck fein würfeln und in einem Bräter unter Wenden auslassen. Speck unter die Kartoffelmasse mischen, alles in den Bräter geben, glatt streichen und im heißen Ofen ca. 35 Minuten backen.

3. Inzwischen die übrigen Speckscheiben portionsweise in eine kalte Pfanne legen und langsam erhitzen, sodass das Fett austreten kann. Anschließend bei starker Hitze unter Wenden kross braten. Die Frühlingszwiebeln putzen, waschen und in sehr feine Ringe schneiden.

4. Je ein Stück Döppekooche auf den Teller legen und 2 Scheiben krossen Bauchspeck dazulegen. Mit Frühlingszwiebeln bestreuen.

PIMP IT UP

Dieser rheinische Klassiker braucht keinerlei Schnickschnack. Allerdings macht sich ein frischer Kopfsalat als Beilage äußerst gut dazu.

Pro Portion:

490 kcal | **17 g** E | **33 g** Fett | **32 g** KH

SUPER
GÜNSTIG

PFIFFERLINGSCARBONARA
MIT SPECK

MEINE BASICS

- 1 TL Sonnenblumenöl
- 1 Zwiebel
- 150 g Pasta
- Salz
- 2 Eier
- 80 g geriebener Parmesan
- Pfeffer

➕

- **250 g möglichst kleine Pfifferlinge**
- **120 g Speck**
- **2 junge Knoblauchzehen**

2 Portionen

ca. 25 Minuten

1. Die Pfifferlinge putzen. Den Speck fein würfeln. Das Öl in einer Pfanne erhitzen und den Speck darin ausbacken. Inzwischen die Zwiebel und den Knoblauch schälen und fein würfeln. Erst die Zwiebel, dann den Knoblauch unter den Speck rühren. Zuletzt die Pfifferlinge zugeben und unter Wenden 3–4 Minuten kräftig anbraten. Dann die Pfanne vom Herd nehmen.
2. Die Pasta in Salzwasser nach Packungsanweisung al dente kochen. Die Pasta abgießen, dabei etwas Nudelwasser auffangen.
3. Die Eier mit dem Parmesan in einer Schale verquirlen, mit Salz und Pfeffer würzen. Die Pasta samt etwas Nudelwasser zugeben und untermischen. Dabei so lange rühren, bis die Sauce beginnt cremig zu werden. Pfifferling-Speck-Mischung zugeben und untermischen. In eine Servierschüssel geben und sofort servieren.

MEIN TIPP

Bei den Pfifferlingen darauf achten, dass sie keine schwammigen Lamellen und ausgefransten Hutränder haben.

Sollte die Sauce nicht cremig werden, alles unter Rühren bei kleiner Hitze erneut erhitzen, bis sie cremig wird. Dann sofort in die Schüssel geben.

Pro Portion:

760 kcal | **44 g** E | **40 g** Fett | **54 g** KH

HERBST-
HIT

BUTTERLACHS
MIT PAPRIKAPASTA

MEINE BASICS

1 Zwiebel
1 TL Sonnenblumenöl
Salz
Pfeffer
30 g Butter
150 g Pasta (z. B. Orecchiette)
30 g geriebener Parmesan

➕

- **je 1 rote und gelbe Paprikaschote**
- **2 Lachsfilets (ohne Haut und Gräten; à ca. 140 g)**
- **½ Bund Basilikum**

2 Portionen

ca. 40 Minuten

1. Den Backofengrill vorheizen. Die Paprika halbieren, entkernen und waschen. Mit der Hautseite nach oben auf ein Backblech legen und unter dem heißen Backofengrill grillen, bis die Haut Blasen wirft und schwarz wird. Aus dem Ofen nehmen, mit einem mit kaltem Wasser getränkten Geschirrtuch bedecken und ca. 5 Minuten ziehen lassen. Nun die Haut abziehen und die Paprikastücke in grobe Fetzen reißen.
2. Die Zwiebel schälen und in sehr feine Streifen schneiden. Sonnenblumenöl in einer Pfanne erhitzen, die Zwiebel darin hellbraun anschwitzen. Die geschmorten Paprika zugeben, alles durch schwenken und mit Salz und Pfeffer abschmecken.
3. Lachsfilets mit Salz und Pfeffer würzen, auf ein Backblech setzen. Die Butter in einem kleinen Topf schmelzen und leicht bräunen. Den Lachs damit rundherum bepinseln. Mit Klarsichtfolie komplett bedecken (auch die Seiten) und im auskühlenden Ofen bei ca. 80 °C je nach Größe 6–8 Minuten sanft glasig garen. Der Lachs ist gar, wenn Ihr mit Daumen und Zeigefinger seitlich gegen das Filet drückt und es sich in seinen Lamellen leicht auseinander drücken lässt. Es sollte auf keinen Fall geronnenes Eiweiß austreten!
4. Die Pasta in Salzwasser nach Packungsanweisung kochen, abgießen, dabei etwas Kochwasser aufbewahren.
5. Unmittelbar vor dem Servieren das Basilikum waschen, trocken schütteln, die Blätter von den Stielen zupfen und fein schneiden. Mit etwas Kochwasser und dem Parmesan unter die Pasta mischen, bis die Pasta mit einer cremigen Sauce überzogen ist. Lachsfilets darauf anrichten.

Pro Portion:

730 kcal | **43 g** E | **31 g** Fett | **68 g** KH

FORELLE „NONPAREILLES“
MIT PETERSILIENKARTOFFELN

MEINE BASICS

- 300 g Kartoffeln
- Salz
- Pfeffer
- 15 g Mehl
- 1 EL Sonnenblumenöl
- 60 g Butter

- **½ Bund glatte Petersilie**
- **300 g Forellenfilets mit Haut**
- **50 g kleine Kapern „Nonpareilles“**

2 Personen

ca. 40 Minuten

1. Die Kartoffeln schälen, in portionsgerechte Stücke schneiden (leicht rund schneiden), in einem Topf knapp mit Salzwasser bedecken, aufkochen und zugedeckt ca. 20 Minuten garen.
2. Die Petersilie waschen, trocken schütteln, Blätter von den Stielen zupfen und mittelfein hacken.
3. Den Backofen auf 120 °C Ober-/Unterhitze vorheizen. Forellenfilets mit Salz und Pfeffer würzen, die Hautseite mit Mehl bestäuben. Öl in einer Pfanne erhitzen. Die Forellenfilets darin auf der Hautseite 2–3 Minuten kross braten. Aus der Pfanne nehmen, Bratöl wegschütten. Die Filets mit der krossen Hautseite nach oben auf ein Backblech legen. Im heißen Ofen je nach Dicke ca. 5 Minuten schonend saftig garen.
4. Kapern abgießen, Sud dabei auffangen. Kapern klein hacken. 30 g Butter in der Pfanne schmelzen, aufschäumen lassen, mit Kapern und Sud ablöschen. Mit einem Drittel der gehackten Petersilie verfeinern und mit Salz und Pfeffer abschmecken.
5. Die Kartoffeln abgießen und abtropfen lassen. 30 g Butter im Topf erhitzen und leicht bräunen, Kartoffeln zugeben und in der Butter schwenken. Restliche Petersilie zugeben, alles durchschwenken und die Kartoffeln mit den Forellenfilets und Kapernsauce servieren.

MEIN TIPP

Einen kleinen Teil der Kapern trocken tupfen, in Mehl wälzen, überschüssiges Mehl abklopfen. Kapern in heißem Sonnenblumenöl knusprig ausbacken. Auf Küchenpapier entfetten und so als Crunch dazu servieren.

Pro Portion:

580 kcal | **36 g** E | **35 g** Fett | **29 g** KH

PICCATA PESCE
MIT KIRSCHTOMATEN

MEINE BASICS

- 70 g geriebener Parmesan
- 60 ml Sonnenblumenöl
- Salz
- Pfeffer
- 100 g Pasta (z. B. bunte Farfalle)
- 15 g Mehl
- 1 Ei
- 1 Zwiebel
- 10 g Butter

➕

- **1 Bund Basilikum**
- **250 g Kirschtomaten an der Rispe**
- **250 g weißes Fischfilet ohne Haut (z. B. Kabeljau oder Schellfisch)**

2 Portionen

ca. 35 Minuten

1. Den Backofen auf 120 °C Umluft vorheizen. Das Basilikum waschen, trocken schütteln und die Blätter von den Stielen zupfen. Basilikumstiele fein hacken. Basilikumblätter mit 20 g Parmesan und 50 ml Öl im Blitzhacker zu einem Pesto verarbeiten. Mit Salz und Pfeffer abschmecken.
2. Die Kirschtomaten an der Rispe waschen und trocken tupfen. 5 ml Öl in einer ofenfesten Pfanne erhitzen und die Tomaten darin anbraten. Salzen und pfeffern. Basilikumstiele zugeben, 50 ml Wasser angießen und alles durchschwenken. Im heißen Ofen ca. 15 Minuten backen, bis die Tomaten aufplatzen.
3. Die Pasta nach Packungsanweisung in Salzwasser kochen.
4. Inzwischen das Fischfilet in vier gleichgroße Stücke schneiden, mit Salz und Pfeffer würzen. Mehl in einen tiefen Teller geben. Das Ei in einem zweiten tiefen Teller verquirlen, den übrigen Parmesan untermischen. Die Fischstücke erst in Mehl wenden, überschüssiges Mehl abklopfen. Dann durch die Ei-Parmesan-Mischung ziehen. 5 ml Öl in einer beschichteten Pfanne erhitzen. Die Fischstücke darin pro Seite je nach Dicke 3–4 Minuten goldbraun braten.
5. Die Zwiebel schälen und fein würfeln. Die Pasta abgießen und abtropfen lassen. 10 g Butter im Nudeltopf erhitzen, die Zwiebel darin hellbraun anschwitzen. Die Pasta zugeben und durchschwenken. Tomaten aus dem Ofen nehmen, den entstandenen Schmorfond und 2 EL des Pestos zu den Nudeln geben und untermengen.
6. Fisch-Piccata auf der Pasta mit Schmortomaten und etwas Fond anrichten. Übriges Pesto anderweitig verwerten.

Pro Portion:

795 kcal	**58 g** E	**64 g** Fett	**47 g** KH

FEINE
SACHE

PASTA ALLE VONGOLE – LÖWES LIEBLINGSPASTA

MEINE BASICS

1 Zwiebel

150 g Pasta (z. B. Linguine)

Salz

10 g Butter

80 g geriebener Parmesan

Pfeffer

- **4 Knoblauchzehen**
- **500 g Venusmuscheln (geputzt und gewaschen)**
- **150 ml trockener Weißwein (am besten den, den man auch dazu trinkt)**

2 Portionen

ca. 30 Minuten

1. Die Zwiebel schälen und sehr fein würfeln. Den Knoblauch schälen und dünn hobeln.
2. Die Venusmuscheln nochmal durch die Finger laufen lassen und beschädigte aussortieren. Muscheln, die sich auf Klopfen wieder schließen, sind okay (generell gilt: Muscheln, die vor dem Kochen geöffnet sind, aussortieren und ebenso Muscheln, die nach dem Kochen geschlossen bleiben).
3. Die Pasta in Salzwasser nach Packungsanweisung, aber nur fast al dente, kochen. Inzwischen die Butter in einer großen Pfanne erhitzen. Die Zwiebelwürfelchen darin hellbraun anschwitzen und Knoblauchscheibchen hinzugeben. Mit Weißwein ablöschen, die Venusmuscheln zugeben und mit geschlossenem Deckel ca. 5 Minuten garen, bis sie sich öffnen. Sind noch nicht fast alle Muscheln geöffnet, noch etwas Garzeit zugeben. Mit geriebenem Parmesan bestreuen.
4. Die Pasta abgießen, dabei etwas Nudelwasser aufheben. Pasta zu den Muscheln geben und untermischen. Etwas Nudelkochwasser zugeben und alles gut durchschwenken. Mit Salz und Pfeffer abschmecken und sofort servieren.

MEIN TIPP

Dieses Gericht funktioniert auch prima mit Miesmuscheln.

Pro Portion:

725 kcal | **51 g** E | **20 g** Fett | **70 g** KH

ITALO-KLASSIKER

ZUCCHINI-RÖSTI
UND AIOLI OHNE EI

MEINE BASICS

- 100 g Kartoffeln
- Salz
- 60 ml Milch
- 120 ml Sonnenblumenöl
- 1 Zwiebel
- 40 g Mehl
- 40 g Parmesan
- 2 Eier
- Pfeffer

- **2 kleine Zucchini**
- **3 Knoblauchzehen**
- **10 g Senf**

2 Portionen

ca. 40 Minuten

1. Für die Röstimasse die Zucchini waschen und die Enden entfernen. 1 Knoblauchzehe schälen. Kartoffeln schälen und waschen. Zucchini, Knoblauch und Kartoffeln fein reiben, in einer Schüssel mit Salz bestreuen und ca. 10 Minuten stehen lassen.

2. In der Zwischenzeit die Aioli herstellen. Dafür 2 Knoblauchzehen schälen und sehr fein würfeln. Mit Milch, Senf, Salz und Pfeffer in einen hohen Rührbecher geben und mit einem Mixstab pürieren. Anschließend bei laufendem Pürierstab ca. 100 ml Öl (je nach gewünschter Konsistenz) zuerst im dünnen Strahl, später im mitteldünnen Strahl einlaufen lassen und zu einer cremigen Konsistenz mixen.

3. Zwiebel schälen und sehr fein würfeln. Die Zucchini-Kartoffelmasse leicht ausdrücken, das Mehl darüber sieben, den Parmesan dazu reiben, die Zwiebelwürfel zugeben und alles vermengen. 2 Eier zugeben und untermischen.

4. Nach und nach 20 ml Öl in einer großen beschichteten Pfanne erhitzen. Pro Rösti ca. 1 gehäuften EL Zucchinimasse in die Pfanne geben, etwas flach streichen und pro Seite in 3–4 Minuten kross ausbacken. Auf Küchenpapier abtropfen lassen, dann mit ca. 2 EL der Aioli servieren.

MEIN TIPP

Da die Aioli ja ohne Ei hergestellt wird, kann man sie prima im Kühlschrank 2–3 Tage aufbewahren. Die übrige Aioli schmeckt auch super zu Ofen-Kartoffeln oder auf Sandwiches.

Pro Portion:

725 kcal | **21 g** E | **59 g** Fett | **29 g** KH

SPINAT-BLAUSCHIMMEL-GNOCCHI

MEINE BASICS

- 300 g Kartoffeln
- Salz
- 1 EL Sonnenblumenöl
- Pfeffer
- 60 g geriebener Parmesan
- 1 Ei
- ca. 80 g Mehl
- 1 Zwiebel
- 10 g Butter
- 50 ml Milch

- **500 g Kirschtomaten**
- **80 g Blauschimmelkäse (z. B. Gorgonzola)**
- **250 g Babyspinat**

2 Personen

ca. 50 Minuten

1. Für die Gnocchi die Kartoffeln schälen, waschen, kleinschneiden, in einem Topf knapp mit Salzwasser bedecken, aufkochen und in ca. 20 Minuten weich kochen.
2. In der Zwischenzeit den Backofen auf 120 °C Ober-/Unterhitze (100 °C Umluft) vorheizen. Die Tomaten waschen und trockentupfen. Das Öl in einer ofenfesten Pfanne erhitzen, Tomaten darin unter Wenden kurz anbraten, mit Salz und Pfeffer würzen. Mit etwas Wasser ablöschen. Im heißen Ofen ca. 20 Minuten garen, bis sie platzen.
3. Gekochte Kartoffeln abgießen, gut ausdampfen lassen und durch eine Kartoffelpresse drücken. 30 g Parmesan, Ei und gesiebtes Mehl zugeben und untermischen, sodass ein Kartoffelteig entsteht. Ist der Teig zu weich, esslöffelweise noch etwas Mehl untermischen. Von der Teigrolle daumennagelgroße Stücke abstechen und mit einer Gabel Riffel eindrücken. Reichlich Salzwasser in einem weiten Topf aufkochen. Die Gnocchi darin portionsweise 3–4 Minuten garen, bis sie an der Oberfläche schwimmen. Mit einem Schaumlöffel aus dem Wasser heben, abtropfen lassen und großflächig auf einem Blech oder Tablett verteilen, sodass sie nicht aneinander kleben.
4. Zwiebel schälen und sehr fein würfeln. Die Butter in einer Pfanne erhitzen, Zwiebel darin hellbraun anschwitzen. Käse in Stücke zupfen und mit Milch zugeben. Babyspinat waschen, abtropfen lassen und hinzugeben. Zugedeckt 2–3 Minuten garen, bis der Spinat zusammengefallen ist.
5. Kirschtomaten samt Schmorfond zur Spinat-Käsesauce geben. Die Gnocchi zugeben, durchschwenken und mit restlichem Parmesan bestreut servieren.

Pro Portion:

730 kcal | **37 g** E | **37 g** Fett | **61 g** KH

SOMMERKRACHER-
PARTY-PASTASALAT

MEINE BASICS

150 g kurze Pasta

Salz

1 Zwiebel

50 g Parmesan

- **150 g gute schwarze Oliven in Olivenöl (ohne Stein)**
- **1 kleine aromatische Wassermelone**
- **250 g Fetakäse**

4 Portionen

ca. 20 Minuten

1. Die Pasta in Salzwasser nach Packungsanweisung, aber eine Idee weiter als al dente, kochen.

2. Inzwischen die Oliven abgießen, das Öl dabei auffangen. Die Oliven mittelfein hacken. Die Zwiebel schälen, in feine Streifen schneiden und behutsam mit etwas Salz verkneten. Die Wassermelone schälen und den festen Teil des Fruchtfleisches in ca. 1 cm große Würfel schneiden.

3. Die Pasta abgießen, abtropfen lassen und in eine Schüssel geben. Die Oliven samt Öl, Zwiebeln und Wassermelonenwürfel zur noch warmen Pasta geben. Den Fetakäse dazu bröseln und alles vorsichtig mischen.

4. Den weichen inneren Teil der Melone pürieren und durch ein Sieb streichen. Den Salat mit Salz und etwas Melonenpüree abschmecken. Mit einem Sparschäler den Parmesan in Späne hobeln und vor dem Servieren über den Salat streuen.

MEIN TIPP

Übriges Wassermelonenpüree mit etwas Zitronensaft abschmecken und in Eis-am-Stiel-Formen einfrieren oder mit Mineralwasser zum Sommerdrink aufgießen.

Pro Portion:

630 kcal | **21 g** E | **42 g** Fett | **40 g** KH

GRILL-
BEILAGE

SENFEIER
MIT PÜREE UND ROTE BETE

MEINE BASICS

- 2 Zwiebeln
- 50 g Butter
- ca. 1 TL Mehl
- 250 ml Milch
- Salz
- Pfeffer
- 300 g Kartoffeln
- 20 ml Sonnenblumenöl
- 2 Eier

- **60 ml Himbeeressig**
- **100 g feiner Dijon-Senf**
- **3 gekochte Rote Bete**

2 Portionen

ca. 50 Minuten

1. Für die Senfsauce 1 Zwiebel schälen und sehr fein würfeln. 10 g Butter in einem Topf erhitzen und die Zwiebel darin farblos anschwitzen. Mit Mehl bestäuben, mit 10 ml Essig ablöschen. Senf (1 knappen TL für das Dressing aufheben) hinzugeben und mit 150 ml Milch auffüllen. Unter ständigem Rühren aufkochen, einmal mit dem Mixstab durchmixen und ca. 15 Minuten köcheln lassen. Etwas Wasser einrühren und zu einer sämigen Sauce einkochen. Mit Salz und Pfeffer abschmecken.

2. Die Kartoffeln schälen, waschen, knapp bedeckt mit Wasser in einem Topf aufkochen und zugedeckt 20–25 Minuten weich kochen. Kartoffeln abgießen, abtropfen lassen, im Topf ausdampfen lassen und dann durch eine Kartoffelpresse drücken. Übrige Butter im Topf schmelzen und bräunen. Restliche Milch zugeben, lauwarm erhitzen, die Kartoffeln zugeben und zu einem glatten Püree verarbeiten. Salzen und warmstellen.

3. In der Zwischenzeit für den Salat die Rote Bete in stiftbreite Stäbchen schneiden. 1 Zwiebel schälen und in sehr feine Streifen schneiden. 10 ml Essig mit übrigem Senf, Salz und Pfeffer verrühren. 20 ml Öl darunterschlagen, Zwiebel unterrühren. Rote Bete unter das Dressing heben, mit Salz und Pfeffer abschmecken und abgedeckt ziehen lassen.

4. In einem flachen, breiten Topf reichlich gesalzenes Wasser mit restlichem Essig säuern und aufkochen. Hitze reduzieren, sodass das Wasser nur noch siedet. Die Eier einzeln in eine Tasse aufschlagen. Mit einem Löffel unter starkem Rühren im Topf einen Strudel erzeugen. Die Eier jeweils nacheinander in den Strudel gleiten lassen und behutsam in 5–6 Minuten wachsweich pochieren. Mit einem Schaumlöffel aus dem Wasser heben, abtropfen lassen und auf dem Kartoffelpüree anrichten. Mit Senfsauce begießen und den Salat extra dazu servieren.

Pro Portion:

720 kcal | **22 g** E | **49 g** Fett | **48 g** KH

WIE BEI
OMA

EXOTISCH

DEINE BASICS

- [ ] QUINOA
- [ ] COUSCOUS
- [ ] JUNGER KNOBLAUCH
- [ ] SÜSSKARTOFFEL
- [ ] ROTE ZWIEBEL
- [ ] OLIVENÖL (KALTGEPRESST)
- [ ] KOKOSMILCH
- [ ] HARISSAPASTE
- [ ] KICHERERBSEN (GLAS)

EXOTISCH

DEINE PLUS-3-ZUTATEN

SÜSSKARTOFFEL-BOHNEN-SANDWICH S. 104

- 2 Bio-Limetten
- 1 reife Avocado
- 150 g schwarze Bohnen (aus der Dose)

BURRATA-MANGO-SALAT S. 106

- 1 kleine reife Mango
- 150 g Pflück- oder Wildkräutersalate
- 2 Burrata (à 125 g)

CHILI-COUSCOUS MIT GEBACKENER AUBERGINE S. 108

- 1 Aubergine
- 100 g mildes Ajvar (Paprikapaste)
- 50 g geriebener Parmesan

QUINOA MIT ZWEIERLEI BLUMENKOHL S. 109

- 2 Orangen
- 1 kleiner Kopf Blumenkohl (ca. 700 g)
- 1 Bund Dill

GEBACKENE AVOCADO MIT PAPRIKA-QUINOA S. 110

- 2 rote Paprikaschoten
- 2 kleine Avocado
- 100 g Panko (japanische Weißbrotflocken)

KALBS-FALAFEL AUF SÜSSKARTOFFELSTAMPF S. 112

- 200 g Kalbshackfleisch
- 3 Msp. gemahlener Kreuzkümmel (Cumin)
- 6 EL Kichererbsenmehl

MAROKKANISCHE WURSTPFANNE S. 114

- 150 g grüne Bohnen
- 150 g Kirschtomaten
- 4 kleine Merguez (Lammbratwürstchen; à ca. 50 g)

LAMMKOTELETT MIT HUMMUS UND PEPERONATA S. 116

- 2 rote Paprikaschoten
- 1 Bund Basilikum
- 4 magere Lammkoteletts (insgesamt ca. 400 g)

MÖHREN-KOKOS-SÜPPCHEN MIT HUHN S. 118

- 1 Maishähnchenbrust (ca. 225 g)
- 3 Möhren
- 2 EL Madras Currypulver

RINDERHÜFTE MIT MAIS-TOMATEN-EINTOPF S. 120

- 200 g Rinderhüfte
- 2 Maiskolben
- 4 vollreife Tomaten

GARNELEN-CURRY MIT AUBERGINEN S. 121

- 10 Garnelen (8/12er, ohne Kopf, mit Schale, ca. 500 g)
- 1 Aubergine
- 2 EL gehackter Koriander

SPINAT-MINZ-SÜPPCHEN MIT RÄUCHERLACHS S. 122

- 6 Zweige Minze
- 150 g Babyspinat
- 200 g Räucherlachs

FISH & CHIPS MIT HARISSA-GURKEN S. 126

- 2 Kabeljaufilets (à 125 g)
- 2 Salatgurken
- 1 kleiner Bund Dill

KICHERERBSEN-SALAT MIT SARDINEN S. 127

- 300 g bunte Kirschtomaten
- 1 Bund Koriander
- 150 g Sardinenfilets im eigenen Saft (Dose)

CEVICHE VOM WOLFSBARSCH S. 128

- 2 Limetten
- 300 g Wolfsbarschfilet (Sushi-Qualität)
- 1 Bund Koriander

SÜSSKARTOFFEL-
BOHNEN-SANDWICH

MEINE BASICS

- 1 große längliche Süßkartoffel (nicht zu dick)
- Salz
- Pfeffer
- 2 Knoblauchzehen
- 50 ml Olivenöl
- 20 g Harissapaste
- 1 rote Zwiebel

\+

- **2 Bio-Limetten**
- **1 reife Avocado**
- **150 g schwarze Bohnen (aus der Dose)**

2 Personen

ca. 25 Minuten

1. Die Süßkartoffel gründlich waschen und samt Schale der Länge nach in 4 gleichmäßige Scheiben schneiden. Die Scheiben portionsweise in den Toaster stecken und ca. 3 x hintereinander auf höchster Stufe toasten, bis sie innen weich und außen leicht knusprig sind. Mit Salz und Pfeffer würzen, warm stellen.
2. Den Knoblauch schälen und fein hacken. 1 Limette heiß waschen, trocken reiben und die Schale fein abreiben. Limette halbieren, Saft auspressen. Die Avocado halbieren, den Kern entfernen und das Fruchtfleisch mit einem Löffel aus der Schale lösen. Fruchtfleisch mit einer Gabel zerdrücken. Die Hälfte des Knoblauchs mit Olivenöl, Limettensaft und -schale unterrühren. Mit Salz und Harissa abschmecken.
3. Die schwarzen Bohnen kalt abspülen und abtropfen lassen. Mit dem übrigen Knoblauch zu einer Art Paste pürieren. Mit Salz und Pfeffer abschmecken. Die rote Zwiebel schälen und in hauchdünne Scheiben schneiden. Übrige Limette halbieren, Saft auspressen. Unter die Zwiebeln mischen.
4. Zum Anrichten eine Scheibe Süßkartoffel mit Bohnencreme bestreichen, mit einer zweiten Scheibe Süßkartoffel belegen und zum Schluss mit der Avocadomasse bestreichen. Mit den Limetten-Zwiebeln dekorativ garnieren.

MEIN TIPP

Noch etwas knuspriger werden die Süßkartoffelscheiben, wenn Ihr sie in 20 ml Öl in einer beschichteten Pfanne pro Seite ca. 6 Minuten bratet statt sie zu toasten.

Pro Portion:

630 kcal | **6 g** E | **39 g** Fett | **62 g** KH

EASY
PEASY

BURRATA-MANGO-SALAT

MEINE BASICS

- 2 kleine rote Zwiebeln
- 1 Knoblauchzehe
- 2 EL Olivenöl
- 2 EL Harissa
- 100 g Couscous
- Salz
- Pfeffer

- **1 kleine reife Mango**
- **150 g Pflück- oder Wildkräutersalate**
- **2 Burrata (à 125 g; ersatzweise Büffelmozzarella)**

2 Personen

ca. 20 Minuten

1. Die Zwiebeln und den Knoblauch schälen und fein würfeln. 1 EL Öl in einem Topf erhitzen. Zwiebeln und Knoblauch darin andünsten. 1 EL Harissa einrühren und kurz mit anschwitzen. Anschließend mit 300 ml Wasser ablöschen und aufkochen. Den Couscous einrühren, vom Herd nehmen und zugedeckt ca. 5 Minuten quellen lassen.
2. Die Mango vom Kern schneiden, schälen und ca. ein Drittel des Fruchtfleisches zusammen mit 1 EL Öl und 1 EL Harissa im Mixer zu einer glatten Creme pürieren. Dabei eventuell noch etwas Wasser untermixen.
3. Übrige Mango in dekorative Würfel schneiden. Couscous mit einer Gabel auflockern, Mangowürfel unterheben und mit Salz und Pfeffer abschmecken.
4. Salat putzen, waschen und trocken schleudern. Mit der Marinade sowohl den Pflücksalat, als auch ganz leicht die Burrata marinieren und alles zusammen auf einer Platte anrichten.

MEIN TIPP

Burrata sieht von außen aus wie ein normaler Mozzarella, hat aber ein cremig-üppiges Herz aus Rahm und ungeformter Mozzarellamasse. Etwas leichter wird das Gericht, wenn Ihr stattdessen Büffelmozzarella verwendet.

Pro Portion:

730 kcal	**23 g** E	**46 g** Fett	**55 g** KH

FRUCHTIG-
WÜRZIG

CHILI-COUSCOUS
MIT GEBACKENER AUBERGINE

MEINE BASICS

- Salz
- Pfeffer
- 3 EL Olivenöl
- 1 kleine rote Zwiebel
- 100 g Couscous
- ca. 1 TL Harissa

- **1 Aubergine**
- **100 g mildes Ajvar (Paprikapaste)**
- **50 g frisch geriebener Parmesan**

2 Personen

ca. 25 Minuten (+ Wartezeit)

1. Die Aubergine waschen, trocken reiben und den Stielansatz entfernen. Fruchtfleisch quer in ca. 0,5 cm dicke Scheiben schneiden. Von beiden Seiten mit Salz und Pfeffer würzen. Etwa 20 Minuten stehen lassen, dann die ausgetretene Flüssigkeit mit einem Küchentuch abtupfen.
2. Den Backofen auf 180 °C Ober-/Unterhitze (160 °C Umluft) vorheizen. 2 EL Öl portionsweise in einer beschichteten Pfanne erhitzen und die Auberginenscheiben darin unter Wenden in ca. 5 Minuten goldbraun braten. Ajvar in eine Auflaufform geben und gleichmäßig verteilen. Die Auberginenscheiben darauf legen. Mit dem Parmesan bestreuen und im heißen Ofen 10–12 Minuten überbacken.
3. Inzwischen die Zwiebel schälen und fein würfeln. 1 EL Öl in einem Topf erhitzen. Couscous und Zwiebel darin unter Wenden kurz andünsten. Harissa einrühren, mit 120 ml Wasser auffüllen, mit Salz und Pfeffer würzen. Aufkochen, vom Herd nehmen und zugedeckt quellen lassen. Couscous mit einer Gabel auflockern, evtl. mit Salz und Pfeffer abschmecken. Die gebackenen Auberginen mit dem Couscous anrichten.

Pro Portion:

475 kcal | **16 g** E | **27 g** Fett | **43 g** KH

QUINOA
MIT ZWEIERLEI BLUMENKOHL

MEINE BASICS

- 1 rote Zwiebel
- 100 g Quinoa
- Salz
- Pfeffer
- 3 EL Olivenöl
- ca. 1 TL Harissa

- **2 Orangen**
- **1 kleiner Kopf Blumenkohl (ca. 700 g)**
- **1 Bund Dill**

2 Personen

ca. 25 Minuten

1. Die Orangen waschen, trocken reiben. Die Schale von 1 Orange fein abreiben. Beide Orangen halbieren, Saft auspressen. Die Zwiebel schälen und sehr fein würfeln.
2. Quinoa in einem flachen Topf ohne Öl unter Wenden kurz anrösten, mit frisch gepresstem Orangensaft knapp bedecken. Zwiebel zugeben, aufkochen und bei kleiner Hitze zugedeckt 12–15 Minuten garen, bis die Quinoa weich ist.
3. Inzwischen den Blumenkohl putzen, waschen und halbieren. Eine Hälfte auf einer Mandoline dünn hobeln und mit Salz, Pfeffer, Orangenabrieb und 1 EL Öl marinieren.
4. Die zweite Hälfte in kleine Röschen teilen, mit Salz und Pfeffer würzen. 1 EL Öl in einer beschichteten Pfanne erhitzen und den Blumenkohl darin unter Wenden bei kleiner Hitze in ca. 5 Minuten hellbraun braten.
5. Quinoa mit Salz, Pfeffer und Harissa würzen. 1 EL Öl unterrühren. Den Dill waschen und trocken schütteln. Die Fähnchen von den Stielen zupfen, fein schneiden und unter die Quinoa rühren. Den gebratenen und gehobelten Blumenkohl auf der Quinoa anrichten.

Pro Portion:

440 kcal | **17 g** E | **19 g** Fett | **49 g** KH

GEBACKENE AVOCADO
MIT PAPRIKA-QUINOA

MEINE BASICS

- 100 g Quinoa
- 2 kleine rote Zwiebeln
- 5 EL Olivenöl
- 2 EL Harissa
- 100 ml Kokosmilch
- Salz
- Pfeffer

- **2 rote Paprikaschoten**
- **2 kleine Avocado**
- **100 g Panko (japanische Weißbrotflocken; ersatzweise Semmelbrösel)**

2 Personen
ca. 35 Minuten

1. Den Backofengrill vorheizen. Quinoa auf ein engmaschiges Sieb geben, unter warmem Wasser gründlich abspülen. In Salzwasser aufkochen, ca. 10 Minuten garen. Dann abgießen, zurück in den Topf geben und zugedeckt ausquellen lassen.

2. Inzwischen die Paprika putzen, waschen und mit der Hautseite nach oben auf ein mit Backpapier belegtes Backofenrost legen. Unter dem heißen Grill ca. 10 Minuten grillen, bis die Haut schwarz wird und Blasen wirft. Sofort mit einem mit kaltem Wasser angefeuchteten Geschirrtuch bedecken und kurz abkühlen lassen. Dann die Haut abziehen und die Paprika in feine Streifen schneiden.

3. Die Zwiebeln schälen und würfeln. 1 EL Öl in einem Topf erhitzen. Die Zwiebeln darin kurz anschwitzen. 1 EL Harissa einrühren, kurz anschwitzen. Mit Kokosmilch ablöschen und gut einköcheln lassen. Anschließend die Paprikastreifen zugeben, kurz mit köcheln lassen, dann heiß unter die ausgequollene Quinoa mischen. Warmhalten.

4. Die Avocados halbieren, den Kern herauslösen und das Fruchtfleisch mit einem Löffel im Ganzen aus der Schale herauslösen. Das Fruchtfleisch von 1 Avocado mit einer Gabel zerdrücken. Dabei nach und nach 1 EL Harissa untermischen und mit Salz und Pfeffer abschmecken.

5. Übriges Avocadofruchtfleisch in ca. 10 fingerdicke Scheiben schneiden, mit Salz und Pfeffer würzen und in Panko wälzen. Dabei gut andrücken. 4 EL Öl in einer großen beschichteten Pfanne erhitzen. Avocadospalten darin von beiden Seiten in ca. 5 Minuten goldbraun ausbacken. Auf Küchenpapier gut abtropfen lassen. Avocadospalten dekorativ auf der Quinoa anrichten und mit Guacamole servieren.

Pro Portion:

725 kcal | **13 g** E | **50 g** Fett | **55 g** KH

VEGGIE-
GLÜCK

KALBS-FALAFEL
AUF SÜSSKARTOFFELSTAMPF

MEINE BASICS

- 3 kleine rote Zwiebeln
- 2 Knoblauchzehen
- Salz
- Pfeffer
- 200 g Kichererbsen (Dose)
- 2 kleine Süßkartoffeln (ca. 400 g)
- 100 ml Kokosmilch
- 1 EL Harissa
- 2 EL Olivenöl

- **200 g Kalbshackfleisch**
- **3 Msp. gemahlener Kreuzkümmel (Cumin)**
- **6 EL Kichererbsenmehl (Bioladen oder Reformhaus)**

2 Personen

ca. 30 Minuten

1. Für die Falafel die Zwiebeln und den Knoblauch schälen und fein würfeln. Hack mit ein Drittel der Zwiebelwürfel, der Hälfte des Knoblauchs, Kreuzkümmel, Kichererbsenmehl, Salz und Pfeffer vermengen. Kichererbsen mit einem Stabmixer stückig pürieren, unter die Hackmasse heben und diese Masse ca. 30 Minuten ruhen lassen.

2. Inzwischen die Süßkartoffeln schälen, waschen und in grobe Würfel schneiden. Süßkartoffeln, übrige Zwiebeln und Knoblauch in einen Topf geben. Mit 200 ml Wasser und Kokosmilch auffüllen, Harissa zugeben, aufkochen und etwa 15 Minuten köcheln lassen, bis die Süßkartoffeln weich sind. Vom Herd nehmen, mithilfe einer Gabel oder eines Kartoffelstampfers zu einem Stampf mit Stückchen verarbeiten und mit Salz und Pfeffer abschmecken. Warmhalten.

3. Öl in einer großen beschichteten Pfanne erhitzen. Mithilfe von zwei Esslöffeln kleine Nocken der Falafelmasse abstechen, ins heiße Öl geben und in 6–8 Minuten rundherum goldbraun ausbraten. Auf Küchenpapier abtropfen lassen und auf dem Süßkartoffelstampf anrichten.

Pro Portion:

690 kcal | **33 g** E | **31 g** Fett | **68 g** KH

ORIENT-
HIT

MAROKKANISCHE WURSTPFANNE

MEINE BASICS

Salz

2 rote Zwiebeln

2 Knoblauchzehen

2 EL Olivenöl

1 EL Harissa

100 g Couscous

150 g grüne Bohnen

150 g Kirschtomaten

4 kleine Merguez (scharfe Lammbratwürstchen; à ca. 50 g)

2 Personen

ca. 25 Minuten

1. Die grünen Bohnen waschen, putzen, in kochendes Salzwasser geben und ca. 10 Minuten garen. Anschließend abgießen, dabei das Wasser auffangen und beiseite stellen. Bohnen in Eiswasser abschrecken und abtropfen lassen.

2. Für den Couscous 1 Zwiebel und die Knoblauchzehen schälen und fein würfeln. 1 EL Öl erhitzen. Zwiebel und Knoblauch darin unter Wenden 2–3 Minuten anschwitzen. Harissa einrühren, weitere 1–2 Minuten anschwitzen. Mit 150 ml Bohnenwasser ablöschen. Den Couscous einrühren, vom Herd nehmen und abgedeckt ca. 5 Minuten ausquellen lassen.

3. Die Tomaten waschen, trocken tupfen und halbieren. 1 Zwiebel schälen, halbieren und in feine Streifen schneiden. 1 EL Öl in einer Pfanne erhitzen. Tomaten und Zwiebel darin anschwitzen. Die Merguez in Stücke schneiden, ebenfalls kurz anschwitzen, dann mit etwas Bohnenwasser ablöschen und zugedeckt ca. 5 Minuten schmoren lassen. Anschließend die blanchierten Bohnen unterheben. Den Couscous mit einer Gabel auflockern und auf einer Platte anrichten. Die Wurstpfanne um den Couscous herum anrichten.

MEIN TIPP

Das Kochwasser der Bohnen enthält wertvolle Nährstoffe, die beim Kochen aus dem Gemüse geschwemmt werden, aber auch Stoffe, die Magen und Darm reizen können. Wer hier empfindlich ist, sollte statt dem Kochwasser besser normales Leitungswasser zum Ablöschen verwenden.

Pro Portion:

520 kcal | **25 g** E | **27 g** Fett | **45 g** KH

SCHÖN
SCHARF

LAMMKOTELETT
MIT HUMMUS UND PEPERONATA

MEINE BASICS

- 100 g Kichererbsen (Dose)
- 60 ml Olivenöl
- Salz
- Pfeffer
- 100 ml Kokosmilch

+

- **2 rote Paprikaschoten**
- **1 Bund Basilikum**
- **4 magere Lammkoteletts mit geputztem Knochen (insgesamt ca. 400 g)**

2 Personen

ca. 25 Minuten

1. Für das Hummus Kichererbsen mit 50 ml Öl und 50 ml Wasser zu einer glatten Masse mixen. Salzen und pfeffern.

2. Für die Peperonata den Backofengrill vorheizen. Die Paprika putzen, waschen und mit der gewölbten Seite nach oben auf einen mit Backpapier belegten Backofenrost legen. Unter den Grill schieben und ca. 10 Minuten grillen, bis die Haut schwarz wird und Blasen wirft. Aus dem Ofen nehmen, sofort mit einem mit kaltem Wasser angefeuchteten sauberen Geschirrtuch bedecken und ca. 5 Minuten stehen lassen. Anschließend die Haut abziehen und die Paprika in fein Streifen schneiden.

3. Basilikum waschen, trocken schütteln, die Blätter abzupfen. Die Stiele klein hacken, mit Kokosmilch und 50 ml Wasser in einen Topf geben, aufkochen und auf etwa die Hälfte einköcheln. Paprikastreifen und fein geschnittene Basilikumblätter unmittelbar vor dem Servieren hinzugeben. Peperonata mit Salz und Pfeffer abschmecken.

4. Übriges Öl in einer Pfanne oder Grillpfanne erhitzen. Die Lammkoteletts mit Salz und Pfeffer würzen und je nach Dicke pro Seite 2–3 Minuten rosa braten. Koteletts mit Hummus und Peperonata anrichten.

Pro Portion:

760 kcal | **32 g** E | **64 g** Fett | **16 g** KH

FEINE SACHE

MÖHREN-KOKOS-SÜPPCHEN
MIT HUHN

MEINE BASICS

- Salz
- Pfeffer
- 4 TL Olivenöl
- 2 kleine Süßkartoffeln (ca. 400 g)
- 1 kleine rote Zwiebel
- 2 Knoblauchzehen
- 200 ml Kokosmilch

+

- **1 Maishähnchenbrust mit Haut und Knochen (ca. 225 g)**
- **3 Möhren**
- **2 EL Madras Currypulver**

2 Personen

ca. 30 Minuten

1. Den Backofen auf 120 °C Ober-/Unterhitze (100 °C Umluft) vorheizen. Knochen der Maishähnchenbrust auslösen und zur Seite legen. Maishähnchenbrust mit Salz und Pfeffer würzen. 1 TL Öl in einer beschichteten Pfanne erhitzen und die Maishähnchenbrust darin erst auf der Hautseite, dann auf der Fleischseite je ca. 4 Minuten anbraten. Auf ein Backofengitter legen und dieses auf eine Fettpfanne setzen. Im heißen Ofen für 15–18 Minuten garen.

2. Inzwischen für die Suppe die Süßkartoffeln und die Möhren schälen, waschen und in kleine Würfel schneiden. Die Zwiebel und den Knoblauch schälen und fein würfeln. 2 TL Öl in einem Topf erhitzen. Süßkartoffeln, Möhren, Zwiebel und Knoblauch darin unter Wenden kurz anschwitzen, ohne dass die Zutaten bräunen. Gleich mit Salz und Pfeffer würzen. Die ausgelösten Knochen zugeben. Zugedeckt bei kleiner Hitze ca. 5 Minuten langsam weiter anschwitzen, anschließend mit Currypulver bestäuben. Kurz mit anschwitzen lassen und dann mit Kokosmilch und 550 ml Wasser auffüllen. Die Suppe bei sehr kleiner Hitze ca. 12 Minuten köcheln lassen. Knochen aus der Suppe nehmen. Die Suppe leicht anpürieren, salzen und pfeffern.

3. Maishähnchenbrust aus dem Ofen nehmen und die Haut abziehen. 1 TL Öl in einer Pfanne erhitzen. Hähnchenhaut zwischen zwei Lagen Backpapier legen, in die Pfanne legen, mit einem schweren Topf beschweren und in ca. 5 Minuten kross ausbraten. Auf Küchenpapier abtropfen lassen und halbieren. Das Brustfleisch vom Knochen lösen, in kleine Würfel schneiden und in die Suppe geben. Möhren-Kokos-Suppe mit der knusprigen Haut als Topping dekorativ anrichten.

Pro Portion:

720 kcal | **27 g** E | **41 g** Fett | **59 g** KH

SEELEN-
WÄRMER

RINDERHÜFTE
MIT MAIS-TOMATEN-EINTOPF

MEINE BASICS

- Salz
- 1 EL Harissa
- 3 EL Olivenöl
- ½ Süßkartoffel
- 2 rote Zwiebeln
- 2 Knoblauchzehen
- Pfeffer
- 200 ml Kokosmilch

- **200 g Rinderhüfte**
- **2 Maiskolben**
- **4 vollreife Tomaten**

2 Personen

ca. 1 ¼ Stunden

1. Den Backofen auf 60 °C Ober-/Unterhitze (40 °C Umluft) vorheizen. Die Rinderhüfte mit Salz würzen. Harissa mit 1 EL Öl verrühren und das Fleisch damit rundherum bestreichen. Im warmen Ofen, je nach Dicke des Fleisches, ca. 1 Stunde garen.
2. In der Zwischenzeit den Maiskolben waschen, Hüllblätter entfernen und die Körner vom Kolben schneiden. Tomaten waschen, trocken reiben und würfeln. Die Süßkartoffel schälen, waschen und würfeln. Die Zwiebeln und den Knoblauch schälen. Zwiebeln halbieren und in feine Streifen schneiden, Knoblauch fein hacken. 1 EL Öl in einem Topf erhitzen. Alle vorbereiteten Zutaten zugeben und unter Wenden ca. 5 Minuten hellbraun anschwitzen. Salzen und pfeffern. Mit 200 ml Wasser auffüllen, aufkochen und etwa 15 Minuten köcheln lassen.
3. Gegarte Rinderhüfte aus dem Ofen nehmen. 1 EL Öl in einer Pfanne erhitzen, Fleisch darin sorgfältig rundherum von jeder Seite ca. 40 Sekunden anbraten, sodass es überall braun ist. Zum Ruhen zurück in den Backofen geben.
4. Die Kokosmilch zum Eintopf geben und mit einem Mixstab anpürieren. Den Eintopf mit Salz und Pfeffer abschmecken. Das Fleisch quer zur Faser in Scheiben schneiden und auf Schaschlikspieße stecken. Zum Eintopf servieren.

MEIN TIPP

Das Fleisch ist auf den Punkt gegart, wenn es eine Kerntemperatur von ca. 55 °C hat. Wer kein Fleischthermometer hat, prüft mit folgendem Test, ob das Fleisch fertig ist: die Spitzen von Daumen und Ringfinger aneinanderlegen. Mit dem Zeigefinger der anderen Hand auf den Handballen drücken. Fühlt sich das Steak beim Draufdrücken so an, ist es perfekt gegart.

Pro Portion:

595 kcal | **27 g** E | **41 g** Fett | **29 g** KH

GARNELEN-CURRY
MIT AUBERGINEN

MEINE BASICS

- 2 rote Zwiebeln
- 2 Knoblauchzehen
- 4 EL Olivenöl
- 2 EL Harissa
- 400 ml Kokosmilch
- 100 g Kichererbsen (Dose)
- Salz
- Pfeffer

- **10 Garnelen (8/12er, ohne Kopf, mit Schale, ca. 500 g; siehe Mein Tipp)**
- **1 Aubergine**
- **2 EL gehackter Koriander**

2 Personen

ca. 25 Minuten

1. Die Garnelen so schälen, dass das letzte Schwanzsegment noch dran ist. Die Garnelenschalen in eine Teekugel geben (alternativ in ein Geschirrtuch einwickeln).

2. Die Zwiebel und den Knoblauch schälen und fein würfeln. Aubergine waschen, trocken reiben, den Stielansatz entfernen und das Fruchtfleisch in ca. 1 cm große Würfel schneiden. 2 EL Öl in einem Topf erhitzen. Die Zwiebeln, Auberginenwürfel, die Hälfte vom Knoblauch und Harissa darin leicht anrösten, mit Kokosmilch ablöschen. Teekugel mit den Schalen dazugeben und zugedeckt bei kleiner Hitze ca. 10 Minuten köcheln, bis die Auberginen weich sind. Jetzt die abgetropften Kichererbsen hinzugeben, nochmals aufkochen und 3–4 Minuten köcheln lassen.

3. Inzwischen 2 EL Öl in einer Pfanne erhitzen. Die Garnelen und übrigen Knoblauch zugeben und unter Wenden 4–5 Minuten anbraten. Mit Salz und Pfeffer würzen. Teekugel aus dem Curry entfernen. Curry ebenfalls mit Salz und Pfeffer würzen, mit Koriander bestreuen und mit den Garnelen servieren.

MEIN TIPP

Die Angabe 8/12 bezieht sich auf die Größe der Garnelen und gibt an, wie viele Garnelen so viel wiegen wie ein englisches Pfund, das ca. 450 g entspricht. In diesem Falle also 8–12 Stück, die je 45 g auf die Waage bringen. Bei größeren 4/6 Garnelen sind für die 450 g entsprechend weniger Stück nötig, bei den kleineren 32/40 Garnelen dagegen mehr. Einen weiteren Tipp mit Anleitung zum Entdarmen von Garnelen siehe Seite 148.

Pro Portion:

715 kcal | **41 g** E | **55 g** Fett | **13 g** KH

SPINAT-MINZ-SÜPPCHEN
MIT RÄUCHERLACHS

MEINE BASICS

- 3 kleine rote Zwiebeln
- 1 Knoblauchzehe
- 2 EL Olivenöl
- 200 ml Kokosmilch
- Salz
- Pfeffer

➕

- **6 Zweige Minze**
- **150 g Babyspinat**
- **200 g Räucherlachs**

2 Personen

ca. 20 Minuten

1. Für das Süppchen die Zwiebeln schälen und 2 ½ Stück sehr fein würfeln. Den Knoblauch schälen und fein hacken. Die Minze waschen, trocken schütteln und die Blätter von den Stielen zupfen. Stiele aufbewahren. Spinat verlesen, waschen und abtropfen lassen.
2. 1 EL Öl in einem Topf erhitzen. Zwiebelwürfel, Knoblauch und Minzstiele darin kurz anschwitzen. Dann mit 200 ml Wasser und Kokosmilch auffüllen, mit Salz und Pfeffer würzen und aufkochen. Minzstiele entfernen. Spinat, bis auf 10 Blätter, mit den Minzblättern zur Suppe geben. Erneut kurz aufkochen, dann vom Herd nehmen und mit dem Mixstab fein pürieren.
3. Den Räucherlachs mit einer Gabel klein zupfen und zusammen mit den übrigen Spinatblättern und der verbliebenen halben Zwiebel sehr fein würfeln. 1 EL Öl untermischen und mit Salz und Pfeffer abschmecken. Suppe in Tellern anrichten, Lachs-Mischung auf der Suppe anrichten.

Pro Portion:

453 kcal | **24 g** E | **37 g** Fett | **5 g** KH

LOW
CARB

HAIE

PROJECT

FISH & CHIPS
MIT HARISSA-GURKEN

MEINE BASICS

- 2 Knoblauchzehen
- 10 EL Olivenöl
- Salz
- Pfeffer
- 2 kleine rote Zwiebeln
- 1 EL Harissa
- ½ Süßkartoffel

- **2 Kabeljaufilets (à 125 g)**
- **2 Salatgurken**
- **1 kleiner Bund Dill**

2 Personen

ca. 50 Minuten

1. Den Backofen auf 80 °C Ober-/Unterhitze (60 °C Umluft) vorheizen. 1 Knoblauchzehe schälen und fein hacken, mit 6 EL Öl in eine kleine Auflaufform geben. Die Kabeljaufilets mit Salz und Pfeffer von beiden Seiten würzen und in die Auflaufform legen. Die Filets direkt mit Klarsichtfolie bedecken und im heißen Ofen ca. 45 Minuten im Öl gar ziehen lassen (Fachbegriff: confieren). Die Filets sind fertig, wenn sie sich auf Druck leicht in die einzelnen Lamellen „aufblättern".

2. Inzwischen die Gurken schälen, halbieren, entkernen und in fingerdicke Stücke schneiden. Zwiebeln und 1 Knoblauchzehe schälen und fein würfeln. 2 EL Öl in einem Topf erhitzen, Zwiebeln und Knoblauch darin farblos anschwitzen, die Gurken hinzugeben, mit Salz und Harissa würzen. Mehrfach umrühren, mit ca. 100 ml Wasser ablöschen und zugedeckt bei kleiner Hitze in ca. 10 Minuten weich schmoren.

3. Süßkartoffel schälen, waschen und in feine Scheiben hobeln. 2 EL Öl in einer Pfanne erhitzen, Süßkartoffelscheiben darin in ca. 10 Minuten knusprig ausbraten, dabei einmal wenden. Auf Küchenpapier abtropfen lassen. Über den Kabeljau streuen.

4. Dill waschen, trocken schütteln, Fähnchen von den Stielen zupfen und fein schneiden. Unter die Gurken mischen, mit Salz und Pfeffer abschmecken und zum Kabeljau reichen.

Pro Portion:

660 kcal | **13 g** E | **26 g** Fett | **11 g** KH

KICHERERBSEN-SALAT
MIT SARDINEN

MEINE BASICS

- 1 kleine rote Zwiebel
- 2 Knoblauchzehen
- 6 EL Olivenöl
- Salz
- Pfeffer
- 300 g Kichererbsen (Dose)

- **300 g bunte Kirschtomaten (z. B. rot, gelb und grün)**
- **1 Bund Koriander**
- **150 g Sardinenfilets im eigenen Saft (Dose)**

2 Personen

ca. 20 Minuten

1. Tomaten waschen, trocken reiben und vierteln. Zwiebel schälen, halbieren und in feine Streifen schneiden. Knoblauch schälen und fein hacken. 2 EL Öl in einer Pfanne erhitzen. Die Tomatenviertel darin unter Wenden 2–3 Minuten anschwitzen und mit Salz und Pfeffer würzen. Zwiebel und Knoblauch zugeben und kurz mit anschwitzen, vom Herd nehmen. Die Kichererbsen untermischen. Koriander waschen, trocken schütteln und von den Stielen zupfen. Die Hälfte des Korianders unter den Kichererbsen-Salat mischen.

2. Übrigen Koriander mit dem übrigen Öl mixen. Die Sardinen abgießen, abtropfen lassen und mit dem Koriander-Öl marinieren. Sardinen auf dem Salat verteilen. Die überschüssige Marinade über den Salat träufeln.

Pro Portion:

435 kcal | **20 g** E | **34 g** Fett | **13 g** KH

CEVICHE
VOM WOLFSBARSCH

MEINE BASICS

- 4 EL Olivenöl
- Salz
- ½ Süßkartoffel
- Pfeffer
- 1 kleine rote Zwiebel
- 1 Knoblauchzehe

- **2 Limetten**
- **300 g Wolfsbarschfilet (Sushi-Qualität; ohne Haut und Gräten)**
- **1 Bund Koriander**

2 Personen

ca. 35 Minuten

1. Die Limetten heiß waschen, trocken reiben und die Schale fein abreiben. Die Limetten halbieren, den Saft auspressen. Fischfilet im Sashimi-Style sehr dünn aufschneiden. Limettensaft und -schale mit 2 EL Öl und Salz mischen. Den Fisch damit marinieren, kalt stellen und ca. 30 Minuten ziehen lassen.

2. In der Zwischenzeit die Süßkartoffel schälen, waschen und in ca. 1 cm große Stücke schneiden. In heißem Salzwasser ca. 10 Minuten blanchieren, abgießen und gut abtropfen lassen. 2 EL Öl in einer Pfanne erhitzen, Süßkartoffelwürfel darin rundherum kross anbraten. Auf Küchenpapier abtropfen lassen, mit Salz und Pfeffer würzen.

3. Die Zwiebel schälen, halbieren und in hauchdünne Streifen hobeln oder schneiden. Koriander waschen, trocken schütteln und die Blätter von den Stielen zupfen. Zwiebel und Koriander mit einem Teil der Fischmarinade mischen. Die Wolfsbarschscheiben flach auf einem Teller auslegen, Zwiebel-Koriander-Salat mittig darauf geben und die gebackenen Süßkartoffeln drum herumlegen. Restliche Marinade auf den Fisch verteilen.

MEIN TIPP

Wolfsbarsch schmeckt besonders fein. Alternativ lassen sich aber auch andere Fischarten wie Lachs, Gelbflossenmakrele oder Forelle für das Ceviche verwenden.

Pro Portion:

405 kcal | **25 g** E | **24 g** Fett | **20 g** KH

AUS
PERU

FIT FOOD

DEINE BASICS

- ☐ BUTTERMILCH
- ☐ INGWER
- ☐ BASILIKUM (TOPF)
- ☐ TK-BEEREN
- ☐ VITAL-KERN-MIX
- ☐ RAPSÖL
- ☐ CHIA-SAMEN
- ☐ ROTE LINSEN
- ☐ EIER (M)

FIT FOOD

DEINE PLUS-3-ZUTATEN

GRÜN HOCH DREI – SMOOTHIE S. 134

- 1 Bio-Zitrone
- 1 Bund Rucola
- 4 Zweige Minze

SPICY MANGO-LASSI MIT CURRY S. 135

- 1 reife Mango
- 2 Limetten
- 1–2 TL Currypulver

GEMÜSE-PFANNE MIT EI S. 136

- 1 kleine Gemüsezwiebel
- 1 rote Paprika
- 1 Zucchini

MEDITERRANE ZUCCHINI-PLÄTZCHEN S. 138

- 1 Zucchini
- 100 g Fetakäse
- 2 vollreife Tomaten

MANGOLD-NASI-GORENG S. 140

- 100 g Basmatireis
- 1 kleine Zwiebel
- 1 Bund Mangold

BASILIKUM-SCHNITZEL MIT FENCHEL-SALAT S. 142

- 2 kleine Fenchelknollen
- 4 kleine dünne Kalbsschnitzel (à 75 g)
- 2 Zitronen

CHICKENBALLS MIT LINSENCURRY S. 144

- 20 g Madras Currypulver
- 250 ml Hafermilch
- 250 g Hähnchenbrustfilets

HERZHAFTER HOKKAIDO-EINTOPF S. 146

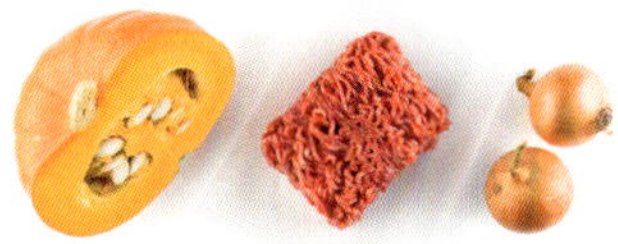

- ½ kleiner Hokkaidokürbis (ca. 400 g)
- 4 kleine Gemüsezwiebeln
- 250 g mageres Rinderhack

ROTES CURRYSÜPPCHEN MIT KABELJAU-BON-BON S. 147

- 3 Möhren
- 2 TL rote Thai-Currypaste
- 200 g Kabeljaufilet ohne Haut und Gräten

INGWER-GARNELEN MIT LAUWARMEM CHICORÉE S. 148

- 4 Limetten
- 4 kleine Chicoréekolben
- 10 küchenfertige gefrorene Garnelen (8/12; ca. 450 g)

LACHS-RÖLLCHEN TO GO S. 150

- 150 g Graved Lachs, in Scheiben
- 1 Salatgurke
- 50 g Frischkäse (20 % Fett i. Tr.)

DATTEL-SESAM-BÄLLCHEN S. 154

- 1 Bio-Orange
- 150 g Datteln, entsteint
- 50 g geschälter heller Sesam

BOTERMELK-FRENCH-TOAST S. 156

- 1 kleine reife Mango
- 2 Scheiben Vollkorntoast
- 50 g Kokosraspel

SÜSSER BEEREN-HÜTTENKÄSE S. 157

- 200 g Hüttenkäse
- 2 EL Ahornsirup
- 25 g Zartbitterkuvertüre

SCHOKOLADIGER PROTEINRIEGEL S. 158

- 100 g Zartbitterkuvertüre
- 1 Bio-Orange
- 100 g gemahlene Mandeln (mit Haut)

GRÜN HOCH DREI –
SMOOTHIE

MEINE BASICS

1 Topf Basilikum

10 g Ingwer

500 ml Buttermilch

20 g Vital-Kern-Mix

- 1 Bio-Zitrone
- 1 Bund Rucola
- 4 Zweige Minze

2 Personen

ca. 10 Minuten

1. Die Zitrone heiß abwaschen, trocken reiben und die Schale fein abreiben. Die Zitrone halbieren und den Saft auspressen. Basilikum, Rucola und Minze waschen und trocken schütteln. Grobe Stiele entfernen. Den Ingwer schälen.
2. Alle vorbereiteten Zutaten zusammen mit der Buttermilch und dem Vital-Kern-Mix in den Mixer geben und zu einem sämigen Smoothie mixen.

MEIN TIPP

Super nach dem Sport oder in doppelter Portion perfekt als leichtes und sättigendes Abendessen.

Pro Portion:

190 kcal | **13 g** E | **7 g** Fett | **17 g** KH

SPICY MANGO-LASSI
MIT CURRY

MEINE BASICS

5 g Ingwer

500 ml Buttermilch

1 reife Mango

2 Limetten

1–2 TL Currypulver

2 Personen

ca. 5 Minuten

1. Die Mango vom Stein schneiden, schälen und grob würfeln. Die Limetten heiß waschen, trocken reiben und die Schale fein abreiben. Die Limetten halbieren und den Saft auspressen. Die Mangowürfel mit Limettensaft und -schale sowie Currypulver mischen.

2. Den Ingwer schälen. Marinierte Mango mit Ingwer und Buttermilch im Mixer pürieren. Nach Belieben in gekühlten Gläsern mit Eiswürfel und Strohhalm genießen. Er lässt sich aber auch super in einer Trinkfalsche nach dem Training trinken.

Pro Portion:

180 kcal | **9 g** E | **2 g** Fett | **27 g** KH

GEMÜSE-PFANNE
MIT EI

MEINE BASICS

- 2 EL Rapsöl
- Salz
- Pfeffer
- 4 Eier
- 4 Stängel Basilikum

- **1 kleine Gemüsezwiebel**
- **1 rote Paprika (gelb geht natürlich auch)**
- **1 Zucchini**

2 Personen

ca. 35 Minuten

1. Die Gemüsezwiebel schälen und sehr fein würfeln. Paprika und Zucchini putzen und waschen. Paprika in feine Streifen, Zucchini längs halbieren und in feine Scheiben schneiden.
2. Öl in einer Pfanne erhitzen und die Gemüsezwiebel darin hellbraun anbraten. Paprika zugeben und kurz mitbraten. Dann Zucchini zugeben. Mit Salz und Pfeffer abschmecken.
3. Mit einem Löffel 4 kleine Mulden in das Gemüse drücken. Die Eier einzeln in eine Tasse aufschlagen, in die Mulden gleiten lassen und in 7–8 Minuten stocken lassen.
4. Basilikum waschen, trocken schütteln, von den Stielen zupfen und vor dem Servieren über die Eier-Gemüse-Pfanne streuen.

Pro Portion:

355 kcal	**20 g** E	**25 g** Fett	**13 g** KH

LIEBLINGS-LUNCH

MEDITERRANE ZUCCHINI-PLÄTZCHEN

MEINE BASICS

- 1 EL Chia-Samen
- Salz
- Pfeffer
- 2 Eier
- 2 EL Rapsöl
- 8 Basilikumblätter

- **1 Zucchini**
- **100 g Fetakäse**
- **2 vollreife Tomaten**

2 Personen

ca. 25 Minuten

1. Von der Zucchini beide Enden abschneiden. Zucchini waschen und auf einer Küchenreibe grob reiben. Mit Chia-Samen in einer Schüssel vermengen und mit Salz und Pfeffer würzen. Nach ca. 10 Minuten mit den Händen leicht auspressen, die Flüssigkeit abgießen. Die Eier verquirlen. Die Zucchini-Chia-Mischung mit den verquirlten Eiern vermengen. 20 g Feta dazu bröseln und untermischen.

2. 2 EL Öl in einer großen beschichteten Pfanne erhitzen. Pro Plätzchen einen gehäuften Esslöffel der Masse in die Pfanne setzen, etwas flach streichen und unter Wenden in ca. 5 Minuten goldgelb ausbraten. Auf Küchenpapier abtropfen lassen.

3. Die Tomaten waschen, trocken reiben und auf der feinen Seite der Haushaltsreibe reiben. Übrigen Feta dazu bröseln. Basilikumblätter waschen, trocken schütteln, fein schneiden und unter die Tomaten mischen. Mit Salz und Pfeffer abschmecken und als Topping auf den Zucchini-Plätzchen servieren.

Pro Portion:

350 kcal | **20 g** E | **29 g** Fett | **5 g** KH

LOW
CARB

MANGOLD-
NASI-GORENG

MEINE BASICS

- Salz
- 20 g Ingwer
- 1 EL Chia-Samen
- 1 EL Rapsöl
- 2 Eier
- Pfeffer

- **100 g Basmatireis**
- **1 kleine Zwiebel**
- **1 Bund Mangold**

2 Personen

ca. 30 Minuten

1. Basmatireis in einem Topf unter Wenden kurz andünsten, bis er duftet. 200 ml Wasser angießen, salzen und aufkochen. Reis zugedeckt bei kleiner Hitze nach Packungsanweisung garen.
2. Inzwischen die Zwiebel und den Ingwer schälen und beides sehr fein würfeln. Den Mangold waschen, trocken schütteln und die Stiele aus den Blättern schneiden. Sowohl die Stiele als auch die Blätter getrennt in breite Streifen schneiden. Die Chia-Samen in einer Pfanne ohne Fett leicht anrösten, herausnehmen und zur Seite stellen. Reis, wenn nötig, abgießen und gut abtropfen lassen.
3. Öl in der Pfanne erhitzen. Zwiebel, Ingwer und Mangoldstiele darin unter Wenden 3–4 Minuten braten, anschließend den Reis zugeben und unter ständigem Rühren weitere 2–3 Minuten braten. Die Mangoldblätter zugeben und unter Rühren in ca. 2 Minuten zusammenfallen lassen.
4. Die Eier verquirlen, über den Pfanneninhalt gießen und unter Rühren in 2–3 Minuten stocken lassen. Nasi-Goreng mit Salz und Pfeffer abschmecken und mit den gerösteten Chia-Samen bestreuen.

MEIN TIPP

Super Rezept, um Reisreste vom Vortag zu verwerten! Damit ist das Nasi-Goreng blitzschnell fertig. Wenn Ihr keine Reisreste habt, könnt Ihr den Reis auch am Tag vorher oder am Morgen extra vorkochen.

Pro Portion:

430 kcal | **20 g** E | **15 g** Fett | **51 g** KH

VEGGIE-GLÜCK

BASILIKUM-SCHNITZEL
MIT FENCHEL-SALAT

MEINE BASICS

- Salz
- Pfeffer
- 1 Topf Basilikum
- 3 Eier
- 50 ml Buttermilch
- 75 ml Rapsöl
- 1 EL Chia-Samen

+

- **2 kleine Fenchelknollen**
- **4 kleine dünne Kalbs-schnitzel (à ca. 75 g)**
- **2 Zitronen**

2 Personen

ca. 40 Minuten

1. Fenchelknollen putzen, waschen und den Strunk entfernen. Fenchelgrün, falls vorhanden, aufbewahren. Fenchel in hauchdünne Scheiben hobeln oder schneiden, mit Salz und Pfeffer in einer Schüssel mischen und ca. 30 Minuten ziehen lassen.

2. In der Zwischenzeit die Kalbsschnitzel zwischen zwei Lagen Frischhaltefolie legen und mit einem schweren Topf flach klopfen. Mit Salz und Pfeffer würzen. Basilikum waschen, trocken schütteln, die Blätter abzupfen und zusammen mit den Eiern im Mixer zu einer grünen Eihülle mixen. Leicht salzen.

3. Die Zitronen heiß waschen, trocken reiben und die Schale von 1 Zitrone fein abreiben. Beide Zitronen so schälen, dass auch die weiße Schale entfernt wird. Die Filets zwischen den Trennhäuten herausschneiden, austretenden Saft dabei auffangen. Zitronensaft, -schale und -filets, bis auf 2 Stück zum Garnieren, unter den Fenchel mischen. Die Buttermilch unterrühren, mit Salz und Pfeffer abschmecken.

4. Übriges Öl in einer Pfanne auf 170 °C erhitzen. Die richtige Temperatur ist erreicht, wenn an einem eingetauchten Holzkochlöffelstiel kleine Bläschen aufsteigen. Dann die Kalbsschnitzel in Chia-Samen wälzen, durch die Basilikum-Eihülle ziehen und ins heiße Öl geben. In 4–5 Minuten goldgelb ausbraten, dabei einmal wenden. Auf Küchenpapier sehr gut abtropfen lassen und mit je einem Zitronenfilet garnieren. Das Fenchelgrün fein hacken und unter den Salat mischen. Salat zu den Schnitzeln servieren.

MEIN TIPP

Statt Kalbsschnitzel könnt Ihr auch Hähnchenbrust oder ein Fischfilet für das Rezept verwenden.

Pro Portion:

495 kcal | **51 g** E | **28 g** Fett | **11 g** KH

METZGER-TRADITION
SEIT 1962
Nacken
Bug
LOW CARB

CHICKENBALLS
MIT LINSENCURRY

MEINE BASICS

- 5 g Ingwer
- 2 TL Rapsöl
- 100 g rote Linsen
- 50 g Vital-Kern-Mix
- 20 g Chia-Samen
- Salz
- Pfeffer
- 10 Basilikumblätter

- **20 g Madras Currypulver**
- **250 ml Hafermilch**
- **250 g Hähnchenbrustfilets**

2 Personen

ca. 25 Minuten

1. Den Ingwer schälen und fein reiben. 1 TL Öl in einem Topf erhitzen. Die roten Linsen, geriebenen Ingwer und Currypulver zugeben und unter Wenden anschwitzen. Mit Hafermilch auffüllen, alles aufkochen und ca. 20 Minuten bei kleiner Hitze köcheln lassen.
2. Inzwischen den Vital-Kern-Mix im Blitzhacker grob mahlen und mit Chia-Samen auf einem Teller mischen. Die Hähnchenbrüste mit Salz und Pfeffer würzen und mit einem großen Messer so lange fein hacken, bis die Masse leicht bindet. Die Basilikumblätter fein hacken und unterheben. Mit angefeuchteten Händen kleine Bällchen (etwa Tischtennisball groß) formen und im Kern-Mix wälzen.
3. 1 TL Öl in einer beschichteten Pfanne erhitzen. Die Bällchen darin rundherum in 10–12 Minuten goldbraun braten. Linsencurry mit Salz und Pfeffer abschmecken. Die Bällchen darauf anrichten und eventuell mit Basilikum garnieren.

Pro Portion:

520 kcal | **47 g** E | **23 g** Fett | **35 g** KH

PROTEIN
POWER

HERZHAFTER HOKKAIDO-EINTOPF

MEINE BASICS

- 10 g Ingwer
- 4 Zweige Basilikum
- 1 EL Rapsöl
- 75 g rote Linsen
- 40 g Vital-Kern-Mix
- 1 TL Chia-Samen
- Salz
- Pfeffer

- **½ kleiner Hokkaidokürbis (ca. 400 g)**
- **4 kleine Gemüsezwiebeln**
- **250 g mageres Rinderhack**

2 Personen

ca. 30 Minuten

1. Ingwer schälen und würfeln. Kürbis waschen, entkernen und samt Schale in 2–3 cm große Würfel schneiden. Zwiebeln schälen und würfeln. Basilikum waschen, trocken schütteln und die Blätter von den Stielen zupfen. Stiele aufbewahren.
2. Öl in einem Topf erhitzen und das Hack darin rundherum kräftig krümelig anbraten. Kürbis in den Topf geben und unter Wenden ca. 5 Minuten anbraten. Zwiebeln und Ingwer mit in den Topf geben und kurz andünsten. Basilikumstiele zugeben, mit 500 ml Wasser angießen und aufkochen. Linsen zugeben und alles ca. 12 Minuten köcheln lassen, bis die Linsen und der Kürbis gar, aber noch nicht zu weich sind.
3. Inzwischen den Vital-Kern-Mix zusammen mit den Chia-Samen und den Basilikumblättern mit einem großen Messer zu einer Art Gremolata hacken. Den Eintopf mit Salz und Pfeffer abschmecken und mit dem Topping servieren.

MEIN TIPP

Es lohnt sich, gleich den ganzen Kürbis zu verarbeiten und die doppelte Menge zu machen. So habt Ihr am nächsten Tag nach dem Sport schnell was zu essen oder Ihr friert den Eintopf ein, so hält er sich bis zu 6 Monate und Ihr habt schnell was Gesundes auf dem Teller.

Pro Portion:

495 kcal | **46 g** E | **21 g** Fett | **31 g** KH

ROTES CURRYSÜPPCHEN
MIT KABELJAU-BON-BON

MEINE BASICS

- 20 g Ingwer
- 3 EL Rapsöl
- 75 g rote Linsen
- Salz
- Pfeffer
- 10 Basilikumblätter
- 1 Ei
- 40 g Chia-Samen
- 100 ml Buttermilch

- **3 Möhren**
- **2 TL rote Thai-Currypaste**
- **200 g Kabeljaufilet ohne Haut und Gräten**

2 Personen

ca. 25 Minuten

1. Für das Süppchen den Ingwer schälen und fein hacken. Die Möhren putzen, schälen und fein würfeln. 1 EL Öl in einem Topf erhitzen. Ingwer, Möhren und Currypaste darin unter Wenden kurz andünsten und mit 500 ml Wasser auffüllen. Aufkochen, rote Linsen zugeben und ca. 12 Minuten garen.

2. Inzwischen die Kabeljau-Bon-Bons vorbereiten. Kabeljaufilet trocken tupfen und in 4 gleichgroße Stücke schneiden. In diese jeweils eine Tasche schneiden, aufklappen und mit Salz und Pfeffer würzen. Basilikumblättchen waschen, trocken schütteln. Die Kabeljau-Taschen mit je einem Blasilikumblatt belegen, zusammenklappen, leicht andrücken und auch von außen mit Salz und Pfeffer würzen. Ei in einem tiefen Teller verquirlen. Kabeljau erst in verquirltem Ei, dann in Chia-Samen wälzen. 2 EL Öl in einer beschichteten Pfanne erhitzen, die Kabeljau-Bon-Bons darin ca. 4 Minuten von beiden Seiten goldgelb ausbraten. Auf Küchenpapier abtropfen lassen.

3. Suppe mit einem Mixstab stückig pürieren und einige Minuten weiter köcheln lassen, bis sie schön sämig wird. Mit Salz, Pfeffer und eventuell noch etwas Currypaste abschmecken. Dann vom Herd nehmen und die Buttermilch einrühren. Restliche Basilikumblätter in feine Streifen schneiden. Die Suppe in tiefe Schalen füllen und die Kabeljau-Bon-Bons mittig platzieren. Mit Basilikumstreifen garnieren.

Pro Portion:

530 kcal | **38 g** E | **27 g** Fett | **29 g** KH

INGWER-GARNELEN
MIT LAUWARMEM CHICORÉE

MEINE BASICS

- 20 g Ingwer
- 200 ml Buttermilch
- 30 Basilikumblättchen + kleine Blätter zur Garnitur
- Salz
- Pfeffer
- 2 EL Rapsöl

- **4 Limetten**
- **4 kleine Chicoréekolben**
- **10 küchenfertige gefrorene Garnelen (8/12; ohne Kopf und Schale; entdarmt; ca. 450 g; siehe Tipp Seite 121)**

2 Personen

ca. 25 Minuten

1. Für das Dressing die Limetten heiß waschen, trocken reiben und die Schale abreiben. Den Ingwer schälen. Die Limetten halbieren, Saft auspressen. Limettensaft und -schale mit der Buttermilch, einem Drittel des Ingwers und den Basilikumblättern zu einem glatten Dressing mixen. Zum Schluss mit Salz und Pfeffer abschmecken.

2. Den Chicorée putzen, waschen und jeweils längs halbieren. Mit Salz und Pfeffer würzen. 1 EL Öl in einer Pfanne erhitzen. Chicorée erst auf den Schnittflächen 2–3 Minuten anbraten, dann wenden und weitere ca. 2 Minuten braten. Dann mit 50 ml Wasser ablöschen, Deckel auflegen und den Chicorée in ca. 5 Minuten weich schmoren. Je nach Größe gegebenenfalls mehrmals wenden und noch etwas länger schmoren, bis er weich ist. Fertigen Chicorée in das Dressing legen und ca. 15 Minuten ziehen lassen.

3. Inzwischen die Garnelen waschen, trocken tupfen und längs ca. 1 cm tief ein-, aber nicht durchschneiden (Fachbegriff: Schmetterlingsschnitt). Restlichen Ingwer fein reiben. Die Garnelen mit Ingwer, Salz und Pfeffer mischen. 1 EL Öl in einer beschichteten Pfanne erhitzen. Garnelen darin unter Wenden 3–4 Minuten scharf anbraten. Die gekringelten Garnelen dekorativ auf dem Chicorée anrichten und mit kleinen Basilikumblättern garnieren.

MEIN TIPP

Die Garnelen vor dem Zubereiten unbedingt entdarmen! Hierfür den Rücken der Garnele von Kopf bis zum Schwanz mit einem Messer leicht einritzen, den Darm mit Daumen und Messerklinge einklemmen und herausziehen. Darmreste mit etwas Wasser abspülen.

Pro Portion:

465 kcal | **52 g** E | **17 g** Fett | **24 g** KH

LOW
CARB

LACHS-RÖLLCHEN
TO GO

MEINE BASICS

- Salz
- Pfeffer
- 5 g Ingwer
- 6 Stängel Basilikum

+

- **150 g Graved Lachs, in Scheiben**
- **1 Salatgurke**
- **50 g Frischkäse (20 % Fett i. Tr.)**

2 Personen

ca. 15 Minuten

1. Den Graved Lachs mit einem Küchenpapier leicht abtupfen. Zwischen 2 Lagen Frischhaltefolie legen und mithilfe eines schweren Topfes flach klopfen.
2. Die Gurke schälen und mit einem Küchenhobel oder Sparschäler der Länge nach in ca. 2 mm dicke Streifen schneiden. Streifen mit Salz und Pfeffer würzen und kurz ziehen lassen.
3. Den Ingwer schälen und fein reiben. Das Basilikum waschen, trocken schütteln, die Blätter von den Stielen zupfen und fein hacken. Den Frischkäse mit einem Schneebesen leicht aufschlagen und mit Salz, Pfeffer, geriebenem Ingwer und gehacktem Basilikum abschmecken.
4. Jetzt geht's ans Zusammenbauen: Den Graved Lachs dazu in längliche Streifen schneiden, die etwa so breit wie die Gurkenstreifen sein sollten. Lachsstreifen dünn mit Frischkäse bestreichen, mit abgetupften Gurkenscheiben belegen. Gurkenscheiben ebenfalls dünn mit Frischkäse bestreichen. Alles mit Gefühl aufrollen und mit einem Holzspießchen fixieren.

MEIN TIPP

Die Röllchen passen super in eine Brotdose und sind perfekt zum Mitnehmen. Aber auch zu Hause schmecken sie als Snack oder Appetizer. Geht natürlich auch mit Räucherlachs.

Pro Portion:

190 kcal | **22 g** E | **8 g** Fett | **6 g** KH

LOW CARB
SNACK

DATTEL-SESAM-BÄLLCHEN

MEINE BASICS

50 g Chia-Samen

100 g Vital-Kern-Mix

- **1 Bio-Orange**
- **150 g Datteln, entsteint**
- **50 g geschälter heller Sesam**

10 Stück

ca. 10 Minuten

1. Orange heiß abwaschen, trocken reiben und die Schale fein abreiben. Orange halbieren und den Saft auspressen. Orangensaft und Chia-Samen mischen und kurz quellen lassen.
2. Vital-Kern-Mix, Datteln und die Hälfte des Sesams im Blitzhacker fein zerkleinern. Die Masse zusammen mit der Orangenschale zu den Chia-Samen geben.
3. Masse mit angefeuchteten Händen zu 10 kleinen Bällchen formen. Bällchen im restlichen Sesam wälzen, etwas andrücken. Die Bällchen mit kleinen Spießchen servieren.

MEIN TIPP

Die Bällchen halten sich in einer verschlossenen Dose im Kühlschrank mindestens 1 Woche und sind ein idealer Snack nach dem Workout.

Pro Stück:

150 kcal | **6 g** E | **9 g** Fett | **11 g** KH

LOW CARB VORRAT

BOTERMELK-FRENCH-TOAST

MEINE BASICS

- 10 g Ingwer
- 150 g TK-Beeren
- 50 g Chia-Samen
- 2 Eier
- 50 ml Buttermilch
- 2 EL Rapsöl

- **1 kleine reife Mango**
- **2 Scheiben Vollkorntoast**
- **50 g Kokosraspel**

2 Personen

ca. 25 Minuten

1. Zunächst das Topping herstellen. Dafür die Mango vom Stein schneiden, das Fruchtfleisch schälen und 8 dekorative Spalten abschneiden, zur Seite legen. Übrige Mango fein würfeln. Den Ingwer schälen und fein hacken. Mangowürfel zusammen mit Ingwer, gefrorenen Beeren, Chia-Samen und 100 ml Wasser in einen Topf geben, aufkochen und langsam bei kleiner Hitze zu einer geleeartigen Konsistenz einköcheln lassen. Dabei öfters rühren und eventuell noch etwas Wasser angießen. Alles mit einem Mixstab leicht pürieren und kalt stellen. Die Konfitüre soll im kalten Zustand vom Löffel laufen. Ist sie zu dickflüssig, noch etwas Wasser unterrühren.

2. Die Eier zusammen mit der Buttermilch verquirlen und die Toastscheiben darin einlegen, bis sie sich schön vollgesaugt haben. Öl in einer beschichteten Pfanne erhitzen. Die Toastscheiben darin von beiden Seiten in ca. 5 Minuten goldbraun ausbraten. Auf Küchenpapier gut abtropfen lassen.

3. Kokosraspel in einer Pfanne ohne Fett rösten, bis sie duften. Dann herausnehmen und die Mangoscheiben darin wälzen. Botermelk-French-Toast anrichten und mit 3–4 EL Konfitüre beträufeln. Mit Kokos-Mangoscheiben verzieren.

MEIN TIPP

Die übrige Konfitüre hält sich im Kühlschrank 3–4 Tage. Sie passt zu den Chickenballs von Seite 144, als Topping für den Hokkaido-Eintopf von Seite 146 und natürlich auf jedes Frühstücksbrot oder in Joghurt.

Pro Portion:

490 kcal | **15 g** E | **39 g** Fett | **19 g** KH

SÜSSER BEEREN-HÜTTENKÄSE

MEINE BASICS

- 50 g TK-Beeren
- 10 g Ingwer
- 100 ml Buttermilch
- 50 g Vital-Kern-Mix

- **200 g Hüttenkäse**
- **2 EL Ahornsirup**
- **25 g Zartbitterkuvertüre**

2 Personen

ca. 5 Minuten (+ Auftauzeit)

1. TK-Beeren bei Zimmertemperatur auftauen lassen. Ingwer schälen und in grobe Stücke schneiden. Beeren mit Ingwer und Buttermilch in einen Mixer geben und fein pürieren.
2. Hüttenkäse mit Ahornsirup vermengen und mittig in zwei Schalen anrichten. Mit Vital-Kern-Mix bestreuen und mit der Beeren-Buttermilch umgießen. Die Zartbitterkuvertüre mithilfe eines Sparschälers darüber hobeln.

Pro Portion:

360 kcal | **44g** E | **20g** Fett | **19g** KH

SCHOKOLADIGER PROTEINRIEGEL

MEINE BASICS

- 2 Eiweiß
- 150 g Vital-Kern-Mix
- 50 ml Buttermilch
- Salz
- 100 g Chia-Samen

- **100 g Zartbitterkuvertüre**
- **1 Bio-Orange**
- **100 g gemahlene Mandeln (mit Haut)**

12 Riegel

ca. 35 Minuten

1. Die Kuvertüre grob hacken, in eine Schüssel geben und über einem Wasserbad schmelzen. Vom Wasserbad nehmen und etwas abkühlen lassen.
2. Die Eiweiße in einer Küchenmaschine steif schlagen. Vital-Kern-Mix fein hacken. Orange heiß waschen, trocken reiben, die Schale fein abreiben. Orange halbieren, Saft auspressen. Buttermilch mit Orangensaft aufkochen, mit etwas Orangenabrieb abschmecken und mit einer Prise Salz würzen. Die Chia-Samen zugeben und darin quellen lassen.
3. Den Backofen auf 175 °C Ober-/Unterhitze (155 °C Umluft) vorheizen. Vital-Kern-Mix zusammen mit übrigem Orangenabrieb, Buttermilch-Chia-Mischung und gemahlenen Mandeln in einer großen Schüssel vermengen. Geschmolzene Kuvertüre zugeben und mit einem Rührlöffel gut untermischen. Den Eischnee zugeben und mit einem Teigspatel unterheben.
4. Die Masse in eine mit Backpapier ausgelegte quadratische Springform (24 x 24 cm) gießen. Im heißen Ofen 15–20 Minuten backen. In der Form abkühlen lassen, dann aus der Form lösen und einmal halbieren. Jede Hälfte mit einem scharfen Messer in 6 gleichmäßige Riegel schneiden.

MEIN TIPP

Die Riegel halten sich gut verschlossen in einer Dose und kühl gelagert etwa 2 Wochen frisch. Aber bis dahin sind sie wahrscheinlich sowieso schon alle aufgegessen, jedenfalls ist das bei mir immer so ...

Pro Stück:

155 kcal | **8 g** E | **12 g** Fett | **5 g** KH

POWER
TO GO

FESTLICH

DEINE BASICS

- [ ] BUTTER
- [ ] RISOTTOREIS
- [ ] GEMÜSEFOND (HELL)
- [ ] SCHALOTTEN
- [ ] SCHLAGSAHNE
- [ ] ROTWEIN (TROCKEN)
- [ ] PARMESAN
- [ ] KARTOFFELN
- [ ] JUNGER KNOBLAUCH

FESTLICH

DEINE PLUS-3-ZUTATEN

BARBARIE-ENTENBRUST MIT GRATIN S. 164

- 600 g Spitzkohl
- 1 Bund Majoran
- 4 weibliche Entenbrüste (à ca. 180 g)

LAMMCARRÉE MIT ROTWEINKARTOFFELN S. 166

- 4 Lammcarrée mit geputzten Knochen (à ca. 300 g)
- 1 Bund Thymian
- 600 g breite grüne Bohnen

KALBSNUSS MIT RAHMPFIFFERLINGEN S. 168

- 600 g Kalbsnuss/-rücken
- 500 g Pfifferlinge (alternativ Steinpilze)
- 5 Stängel Estragon

TAFELSPITZ MIT BOUILLONKARTOFFELN S. 170

- 800 g Tafelspitz
- 400 g violette Urmöhren
- 400 g Petersilienwurzeln

ZITRONENHÄHNCHEN MIT KARTOFFELSALAT S. 171

- 2 Bio-Zitronen
- 2 Salatgurken
- 4 Maishähnchenbrüste (à ca. 225 g)

NUSSBUTTER-SPARGEL MIT SCHINKEN S. 172

- 100 g Zucker
- 1,2 kg weißer Spargel
- 16 Scheiben Serrano-Schinken (à ca. 12 g)

KROSSES ZANDERFILET MIT ROTWEINBUTTER S. 176

- 50 ml roter Portwein
- 600 g Cima di Rapa (wilder Brokkoli)
- 4 Zanderfilets (à 160 g)

SAIBLINGSFILET IM ORANGENSUD S. 178

- 6 Bio-Orangen
- je 2 gelbe und rote Paprikaschoten
- 4 Saiblingsfilets (à 160 g)

WOLFSBARSCH MIT ROTWEINRISOTTO S. 180

- 6 Tomaten
- 1 Zucchini
- 4 Loup de Mer Filets (Wolfsbarsch; à 160 g)

KABELJAU IN SENFSAUCE S. 182

- 100 g körniger Senf
- 600 g Blattspinat
- 4 Kabeljaufilets (à 160 g)

HERINGSSTIPP MIT PELLKARTOFFELN S. 183

- 3 Äpfel (Golden Delicious)
- 1 Bund Schnittlauch
- 8 Doppelfilets Hering oder Matjes

SELLERIERISOTTO MIT ROTWEINBIRNE S. 184

- 3 reife Birnen (z. B. Abate Fetel)
- 200 g Knollensellerie
- 200 ml trockener Weißwein

GRATINIERTE ARTISCHOCKE S. 186

- 4 große Artischocken
- 60 g Pinienkerne
- 2 Knollen Fenchel

STEINPILZRISOTTO MIT PARMESAN S. 188

- 20 g getrocknete Steinpilze
- 200 ml trockener Weißwein
- 400 g frische Steinpilze

GESCHMORTE KIRSCHTOMATEN S. 189

- 300 ml trockener Weißwein
- 400 g gelbe und rote Kirschtomaten an der Rispe
- 3 Bund Frühlingszwiebeln

BARBARIE-ENTENBRUST

MIT GRATIN

MEINE BASICS

- 4 Schalotten
- 2 Knoblauchzehen
- 20 g Butter
- 125 g Schlagsahne
- 125 ml Milch
- Salz
- Pfeffer
- 500 g Kartoffeln
- 75 g geriebener Parmesan

- **600 g Spitzkohl**
- **1 Bund Majoran**
- **4 weibliche Entenbrüste (à ca. 180 g)**

4 Personen

ca. 50 Minuten

1. Den Backofen auf 160 °C Ober-/Unterhitze (140 °C Umluft) vorheizen. Die Fettpfanne des Backofens mit Alufolie belegen, ein Backofenrost darauf setzen und in den Ofen schieben. Schalotten schälen und fein würfeln. 1 Knoblauchzehe samt Schale mit einer Messerklinge zerdrücken, 1 Knoblauchzehe schälen und fein würfeln. 10 g Butter in einem Topf erhitzen, die Hälfte der Schalottenwürfel darin glasig schwitzen. Knoblauch zugeben, dann Sahne und Milch zufügen, mit Salz und Pfeffer abschmecken und langsam aufkochen.

2. Inzwischen die Kartoffeln schälen, waschen und in dünne Scheiben schneiden oder hobeln. Eine feuerfeste Form mit der restlichen Butter ausreiben. Die Kartoffelscheiben hineinlegen und mit der Sahnemischung übergießen. Parmesan darüber verteilen. Gratin im heißen Ofen ca. 35 Minuten backen.

3. Inzwischen den Spitzkohl putzen, waschen, vierteln, in feinen Streifen vom Strunk schneiden und leicht salzen. Mit den Händen einige Minuten durchkneten. Majoran waschen, trockenschütteln, die Blättchen von den Stielen zupfen und hacken.

4. Die Haut der Entenbrüste rautenförmig einschneiden. Entenbrüste mit der Hautseite nach unten mit der zerdrückten Knoblauchzehe in eine kalte Pfanne legen und langsam erhitzen. Die Entenbrüste auf der Haut ca. 5 Minuten braten, dann wenden und ca. 1 Minute weiterbraten. Salzen und pfeffern. Zum Gratin in den Ofen geben. Nach 8–12 Minuten die Entenbrüste rausnehmen und etwas ruhen lassen. Sie sollten rosa (medium) gebraten sein (siehe Garzeitentabelle, Seite 222).

5. Spitzkohl und restliche Schalotten in der Pfanne im übrigen Bratfett anschwenken, mit wenig Wasser ablöschen. Majoran dazugeben, salzen und pfeffern. Entenbrüste quer in schmale Scheiben schneiden, mit Gratin und Spitzkohl anrichten.

Pro Portion:

725 kcal	**47 g** E	**49 g** Fett	**26 g** KH

ECHTER
KLASSIKER

LAMMCARRÉE
MIT ROTWEINKARTOFFELN

MEINE BASICS

- Salz
- Pfeffer
- 4 Knoblauchzehen
- 20 g geklärte Butter (siehe S. 25)
- 500 g Kartoffeln
- 750 ml Rotwein
- 500 ml Gemüsefond
- 60 g kalte Butter

- **4 Lammcarrée mit geputzten Knochen (à ca. 300 g)**
- **1 Bund Thymian**
- **600 g breite grüne Bohnen**

4 Personen

ca. 1 ¼ Stunden

1. Den Backofen auf 80 °C Umluft vorheizen. Lammcarrées von der Silberhaut befreien, salzen und pfeffern. 2 Knoblauchzehen samt Schale mit einer Messerklinge zerdrücken, restliche Knoblauchzehen schälen und sehr fein würfeln. Geklärte Butter in einer ofenfesten Pfanne erhitzen. Lammcarées darin rundherum scharf anbraten. Thymian waschen und trockenschütteln. 2 Thymianzweige mit zerdrückten Knoblauchzehen mit in die Pfanne geben. Die Pfanne in den Ofen stellen und das Fleisch in 30–40 Minuten medium garen. Am sichersten ist es ein Fleischthermometer zu benutzen: Das Fleisch ist gar, wenn die Kerntemperatur 56–58 °C beträgt.

2. Inzwischen Kartoffeln schälen, waschen und mit dem Rotwein in einen Topf geben. Aufkochen, mit Salz würzen, dann zugedeckt bei mittlerer Hitze ca. 20 Minuten garen.

3. Bohnen waschen und putzen. Fond in einem Topf aufkochen und die Bohnen darin in ca. 10 Minuten bissfest garen. Bohnen mit einem Schaumlöffel aus dem Fond heben. Gewürfelten Knoblauch zum Fond geben und bei starker Hitze auf ca. 200 ml einkochen lassen. 60 g Butter in kleinen Stücken nach und nach mit einem Schneebesen gründlich einrühren, sodass die Sauce etwas andickt. Mit Salz und Pfeffer abschmecken. Die Blätter von 2–3 Stielen Thymian zugeben.

4. Fleisch aus dem Ofen holen, ruhen lassen und jeweils in drei gleichgroße Stücke schneiden. Bohnen mittig auf dem Teller anrichten. Fleisch darauf setzen. Kartoffeln dazwischen verteilen. Etwas Sauce darüber geben. Die restliche Sauce separat zum Lammcarré reichen.

Pro Portion:

535 kcal | **16 g** E | **27 g** Fett | **30 g** KH

EINFACH RAFFINIERT

GANZE KALBSNUSS
MIT RAHMPFIFFERLINGEN

MEINE BASICS

- 7 Schalotten
- 4 Knoblauchzehen
- 45 g geklärte Butter (siehe S. 25)
- 500 ml Gemüsefond
- Salz
- Pfeffer
- 15 g Butter
- 500 g Kartoffeln
- 100 g geriebener Parmesan
- 200 g Schlagsahne

- **600 g Kalbsnuss oder -rücken**
- **500 g Pfifferlinge (alternativ Steinpilze oder braune Champignons)**
- **5 Stängel Estragon**

4 Personen

ca. 1 ¼ Stunden

1. Den Backofen auf 160 °C Ober-/Unterhitze (140 °C Umluft) vorheizen. 3 Schalotten schälen und halbieren. 3 Knoblauchzehen samt Schale mit einer Messerklinge zerdrücken, 1 Knoblauchzehe schälen und sehr fein würfeln. 20 g geklärte Butter in einem Bräter erhitzen. Fleisch darin rundherum scharf anbraten. Schalottenhälften und zerdrückten Knoblauch zugeben und mitrösten, bis sie braun sind. Mit 250 ml Fond ablöschen. Dann das Fleisch mit Salz und Pfeffer würzen. Deckel auflegen und das Fleisch im heißen Ofen je nach Dicke 45–60 Minuten schmoren, bis es innen zart rosa ist.

2. Inzwischen die restlichen Schalotten schälen und fein würfeln. 10 g Butter in einem Topf erhitzen. Die Hälfte der Schalottenwürfel darin glasig schwitzen, dann gewürfelten Knoblauch zugeben. Mit übrigem Fond aufgießen. Salzen und pfeffern, und langsam aufkochen lassen. Kartoffeln schälen, waschen und in dünne Scheiben schneiden oder hobeln. Eine feuerfeste Form mit der restlichen Butter ausreiben und die Kartoffelscheiben hineinlegen. Mit dem Fond übergießen, den Parmesan darüber verteilen. Nach 20–30 Minuten Garzeit des Fleisches die Savoyer -Kartoffeln mit in den Ofen geben. Alles zu Ende garen.

3. Währenddessen die Pfifferlinge gründlich putzen. Estragon waschen, trocken schütteln, Blätter abzupfen. Fein schneiden. 25 g geklärte Butter in einer Pfanne erhitzen, Pfifferlinge darin unter Wenden ca. 5 Minuten kräftig anbraten. Restliche Schalottenwürfel zugeben, mitbraten. Mit Sahne ablöschen, salzen und pfeffern. Estragon zugeben. Sahne leicht einkochen lassen.

4. Die fertige Kalbsnuss aus dem Ofen nehmen, etwa 5 Minuten ruhen lassen, dann in Scheiben schneiden. Zusammen mit den Savoyer-Kartoffeln und den Rahmpfifferlingen servieren.

Pro Portion:

660 kcal | **48 g** E | **42 g** Fett | **24 g** KH

SCHÖN
HERBSTLICH

TAFELSPITZ
MIT BOUILLONKARTOFFELN

MEINE BASICS

40 g geklärte Butter (siehe S. 25)

4 Schalotten

4 Knoblauchzehen

3 l Gemüsefond

600 g Kartoffeln

Salz

Pfeffer

- **800 g Tafelspitz**
- **400 g violette Urmöhren**
- **400 g Petersilienwurzeln**

4 Personen

ca. 1 ¼ Stunden

1. Tafelspitz von Sehnen, Häuten und Fett befreien. Die geklärte Butter in einer Pfanne erhitzen. Tafelspitz darin rundherum braun anbraten, herausnehmen und abtupfen. 200 g Urmöhren und 200 g Petersilienwurzeln waschen und grob würfeln. Schalotten schälen und grob zerteilen. Knoblauchzehen samt Schale mit einer Messerklinge zerdrücken.
2. Den kalten Gemüsefond mit dem vorbereiteten Gemüse und Knoblauch in einen großen Topf geben. Tafelspitz zugeben und alles langsam zum Sieden bringen. Kurz unter dem Siedepunkt den Tafelspitz ca. 50 Minuten garen. Er ist fertig, wenn man mit einer Fleischgabel hineinsticht und sich die Gabel ohne Widerstand wieder herausziehen lässt.
3. Inzwischen die Kartoffeln schälen, waschen und in 1 cm große Würfel schneiden. Übriges Gemüse putzen, schälen und in schmale Scheiben schneiden.
4. Wenn der Tafelspitz gar ist, den Fond durch ein feines Sieb gießen. Erneut in den Topf füllen. Kartoffeln und geschnittenes Gemüse in den Sud geben, aufkochen und 10–12 Minuten köcheln. Mit Salz und Pfeffer abschmecken.
5. Tafelspitz dünn aufschneiden und in tiefen Tellern anrichten. Gegarte Kartoffeln, Gemüse und den heißen Fond über die Tafelspitzscheiben geben und servieren. Übriger Fond kann eingefroren und für Suppen oder Risotto verwendet werden.

PIMP IT UP

Urmöhren und Petersilienwurzeln mit einem Sparschäler der Länge nach in hauchdünne Scheiben schneiden. 2 Knoblauchzehen in hauchdünne Scheiben schneiden. Alles in geklärter Butter zu knusprigen Chips frittieren. Zum „Eintopf" servieren.

Pro Portion:

610 kcal | **34 g** E | **36 g** Fett | **37 g** KH

ZITRONENHÄHNCHEN
MIT KARTOFFELSALAT

MEINE BASICS

600 g Kartoffeln

Salz

2 Knoblauchzehen

2 Schalotten

Pfeffer

100 g geklärte Butter (siehe S. 25)

400 ml Gemüsefond

25 g geriebener Parmesan

- **2 Bio-Zitronen**
- **2 Salatgurken**
- **4 Maishähnchenbrüste mit Haut und Knochen (à ca. 225 g)**

4 Personen

ca. 45 Minuten

1. Die Kartoffeln waschen, mit Schale in einen Topf geben und knapp mit Salzwasser bedecken. Aufkochen und ca. 20 Minuten garen. In der Zwischenzeit den Knoblauch schälen, Zehen halbieren und mit etwas Salz bestreut zu einer feinen Paste zerdrücken. Zitronen heiß waschen, trocken reiben und die Schale fein abreiben, Knoblauchpaste untermischen. Gurken waschen, schälen und die Enden entfernen. Gurken längs halbieren, die Kerne mit einem Löffel herauskratzen und das Fruchtfleisch klein würfeln. Gurkenwürfel in ein Sieb geben, mit Salz bestreuen, gut durchmischen und ca. 20 Minuten ziehen lassen, sodass möglichst viel Wasser austritt.

2. Den Backofen auf 120 °C Ober-/Unterhitze (100 °C Umluft) vorheizen. Schalotten schälen und fein würfeln. Die Zitronen-Knoblauch-Paste vorsichtig unter die Haut der Maishähnchenbrüste schieben, mit Salz und Pfeffer würzen. 50 g geklärte Butter in einer ofenfesten großen Pfanne erhitzen. Hähnchenbrüste darin auf der Hautseite scharf anbraten, sodass die Haut kross wird, wenden und anschließend im heißen Ofen in 15–18 Minuten saftig garen.

3. 50 g geklärte Butter in einem Topf erhitzen, Schalottenwürfel darin anschwitzen. Den Fond angießen, aufkochen und mit Salz und Pfeffer kräftig abschmecken. Die Kartoffeln abgießen, kalt abschrecken, pellen und in Scheiben schneiden. Mit dem heißen Fond mischen. Mit etwas Zitronensaft und eventuell noch Salz und Pfeffer abschmecken. Die Gurken vorsichtig ausdrücken und unter den Kartoffelsalat heben. Die Hähnchenbrüste aus dem Ofen holen, schräg aufschneiden und an den lauwarmen Kartoffelsalat legen. Mit Parmesan bestreuen.

Pro Portion:

665 kcal | **43 g** E | **43 g** Fett | **28 g** KH

NUSSBUTTER-SPARGEL
MIT SERRANOSCHINKEN

MEINE BASICS

- 500 g Kartoffeln
- Salz
- 120 g Butter
- 600 ml Rotwein
- 6 Schalotten
- Pfeffer

+

- **100 g Zucker**
- **1,2 kg weißer Spargel**
- **16 Scheiben Serrano-Schinken (à ca. 12 g)**

4 Personen

ca. 40 Minuten

1. Die Kartoffeln schälen, waschen mit Salzwasser knapp bedecken und aufkochen. Zugedeckt bei mittlerer Hitze für etwa 20 Minuten garen.
2. Inzwischen 100 g Butter erhitzen, bis sie goldbraun wird. Sofort vom Herd nehmen (wird sie zu dunkel, schmeckt sie bitter) und durch ein Haarsieb in einen kleinen Topf gießen.
3. 30 g Zucker in einem weiten Topf hellbraun karamellisieren und mit dem Rotwein ablöschen. Den Rotwein aufkochen und bei starker Hitze auf die Hälfte einkochen lassen. Inzwischen die Schalotten schälen, vierteln und in die wallende Rotweinreduktion geben. Ca. 15 Minuten bei kleiner Hitze gar ziehen lassen. Mit Salz und Pfeffer abschmecken.
4. Vom Spargel holzige Enden entfernen. Die Stangen schälen, waschen und in reichlich Salzwasser mit übrigem Zucker und der übrigen Butter je nach Dicke 12–15 Minuten garen. Spargel aus dem Wasser heben, gut abtropfen lassen und anrichten. Die Rotweinschalotten daneben legen. Die Schinkenscheiben zu Rosetten legen und ans Spargelende legen. Die Kartoffeln dazulegen. Die Nussbutter kurz aufkochen, dann über die Kartoffeln und den Spargel gießen.

VARIANTE

Außerhalb der Spargelsaison könnt Ihr das Rezept gut mit Kohlrabi zubereiten. Die Kohlrabi dazu schälen, in ca. 1 cm breite Stifte schneiden und in Salzwasser 8–10 Minuten garen.

PIMP IT UP

4 Scheiben Schinken in der Pfanne kross garen, auskühlen lassen, zerbröseln und als „Crunch" zum Spargel geben.

Pro Portion:

630 kcal | **9 g** E | **38 g** Fett | **46 g** KH

FRÜHLINGS-
GENUSS

Merguez

KROSSES ZANDERFILET
MIT ROTWEINBUTTER

MEINE BASICS

- 50 g Butter
- 4 Schalotten
- 2 Knoblauchzehen
- 200 ml Rotwein
- 500 g Kartoffeln
- Salz
- 50 g geklärte Butter (siehe S. 25)
- Pfeffer
- 100 ml Gemüsefond

- **50 ml roter Portwein**
- **600 g Cima di Rapa (wilder Brokkoli; alternativ Brokkoli-Röschen)**
- **4 Zanderfilets (à 160 g, mit Haut, ohne Gräten)**

4 Personen

ca. 45 Minuten

1. Für die Rotweinbutter 40 g Butter klein würfeln und einfrieren. 2 Schalotten schälen und sehr fein würfeln. 1 Knoblauchzehe samt Schale mit einer Messerklinge zerdrücken, 1 Knoblauchzehe schälen und sehr fein würfeln. Schalotten mit Rot- und Portwein in einen Topf geben und langsam einkochen lassen, bis sie eine marmeladenähnliche Konsistenz hat.

2. Inzwischen die Kartoffeln schälen, waschen und in ca. 2 cm große Würfel schneiden. In einen Topf geben, knapp mit Salzwasser bedecken, aufkochen und ca. 8 Minuten garen. Dann abgießen, kalt abschrecken und die Würfel trocken tupfen. In 40 g geklärter Butter in einer großen Pfanne in ca. 10 Minuten rundherum goldbraun braten.

3. Den Backofen auf 120 °C Ober-/Unterhitze (100 °C Umluft) vorheizen. Cima di Rapa putzen, waschen und trocken tupfen. Mit Salz und Pfeffer würzen. 2 Schalotten schälen und fein würfeln. 10 g Butter in einem weiten Topf erhitzen. Schalottenwürfelchen, gewürfelten Knoblauch und Cima di Rapa darin unter Wenden anschwitzen. Immer wieder mit etwas Fond ablöschen und unter Wenden in ca. 7 Minuten weich schmoren.

4. 10 g geklärte Butter mit dem zerdrückten Knoblauch in einer Pfanne erhitzen. Den Fisch mit Salz und Pfeffer würzen. Zuerst in der Butter auf der Hautseite 2–3 Minuten kross anbraten, dann im heißen Ofen in ca. 5 Minuten fertig garen.

5. Die eiskalte Butter nach und nach in die Rotweinbutter geben, mit einem Schneebesen unterrühren, sodass eine cremige Sauce entsteht. Zander auf dem Gemüse anrichten, mit Rotweinbutter umträufeln und mit Kartoffelcroutons umlegen.

Pro Portion:

550 kcal | **38 g** E | **23 g** Fett | **35 g** KH

FÜR
GENIEẞER

SAIBLINGSFILET
IM ORANGENSUD

MEINE BASICS

- 50 g Butter
- 4 Schalotten
- 3 Knoblauchzehen
- 500 g Kartoffeln
- Salz
- Pfeffer
- 50 g geklärte Butter (siehe S. 25)

- **6 Bio-Orangen**
- **je 2 gelbe und rote Paprikaschoten**
- **4 Saiblingsfilets (à 160 g; mit Haut, ohne Gräten)**

4 Personen

ca. 1 Stunde

1. Für den Orangensud 30 g Butter würfeln und einfrieren. Die Orangen heiß waschen, trocken reiben und die Schale fein abreiben. Orangen halbieren, Saft auspressen. Die Schalotten schälen und fein würfeln. 1 Knoblauchzehe samt Schale mit einer Messerklinge zerdrücken, 2 Knoblauchzehen schälen und fein würfeln. 20 g Butter in einem weiten Topf erhitzen, die Schalotten und den gewürfelten Knoblauch darin anschwitzen und mit dem ausgepressten Orangensaft ablöschen. Alles bei mittlerer Hitze um ca. ein Drittel einkochen lassen.

2. Den Backofengrill vorheizen. Paprika halbieren, putzen und waschen. Mit der gewölbten Seite nach oben auf ein mit Backpapier belegtes Backofengitter legen und unter dem heißen Grill ca. 10 Minuten grillen, bis die Haut schwarz wird und Blasen wirft. Herausnehmen. Die Paprika mit einem feuchten Geschirrtuch abdecken. Dann häuten und in Streifen schneiden.

3. Den Backofen auf 170 °C Ober-/Unterhitze (150 °C Umluft) vorheizen. Die Kartoffeln waschen, in Spalten schneiden, auf ein mit Backpapier belegtes Backblech verteilen. Mit Salz und Pfeffer würzen und mit 30 g geklärter Butter vermengen. Im heißen Ofen ca. 30 Minuten goldgelb backen.

4. Ca. 10 Minuten vor Ende der Backzeit 20 g geklärte Butter mit den zerdrückten Knoblauchzehen in einer Pfanne erhitzen. Fisch salzen und pfeffern. In der Butter auf der Hautseite 2–3 Minuten kross anbraten. Mit der Hautseite nach oben zu den Kartoffeln aufs Blech legen. In 2-3 Minuten zu Ende garen.

5. Die eiskalte Butter nach und nach in den Orangensud geben und mit einem Schneebesen unterrühren, bis die Sauce leicht andickt. Mit Orangenabrieb abschmecken. Paprika zugeben, salzen und pfeffern. Fisch mit Sauce und Kartoffeln anrichten.

Pro Portion:

550 kcal | **38 g** E | **26 g** Fett | **41 g** KH

SCHÖN
FRUCHTIG

KROSSER WOLFSBARSCH
MIT ROTWEINRISOTTO

MEINE BASICS

- 500 ml Rotwein
- 4 Schalotten
- 4 Knoblauchzehen
- 80 g Butter
- 250 g Risottoreis
- 650 ml Gemüsefond
- 40 g geklärte Butter (siehe S. 25)
- Salz
- Pfeffer
- 75 g geriebener Parmesan

- **6 Tomaten**
- **1 Zucchini**
- **4 Loup de Mer Filets (Wolfsbarsch; à 160 g; ohne Gräten, geschuppt; alternativ Forellenfilets)**

4 Personen

ca. 45 Minuten

1. Rotwein in einen Topf geben, aufkochen und bei starker Hitze auf etwa ein Drittel einkochen lassen. Inzwischen Schalotten schälen und fein würfeln. 2 Knoblauchzehen samt Schale mit einer Messerklinge zerdrücken, 2 Knoblauchzehen schälen und fein würfeln. 50 g Butter in einem Topf erhitzen. Die Hälfte der Schalottenwürfelchen darin zusammen mit dem Risottoreis glasig anschwitzen. Den Fond nach und nach angießen. Den Risotto unter Rühren mit einem Holzlöffel ca. 18 Minuten garen. Die nächste Portion Fond immer erst zugeben, wenn die vorherige fast vollständig verkocht ist. Am Ende die Rotweinreduktion hinzugeben.

2. Die Tomaten waschen, über Kreuz einschneiden und den Strunk entfernen. Mit kochendem Wasser überbrühen, kurz ziehen lassen, dann in Eiswasser abschrecken. Anschließend enthäuten (siehe S. 25 Pimp it up), vierteln, entkernen und sehr fein würfeln. Zucchini waschen und in feine Würfel schneiden. 20 g geklärte Butter in einer Pfanne erhitzen, Zucchini mit dem gewürfelten Knoblauch darin anbraten. Wenn die Zucchini Farbe angenommen hat, die Tomaten dazugeben. Noch ca. 10 g Butter einrühren. Mit Salz und Pfeffer abschmecken.

3. Inzwischen den Backofen auf 120 °C Ober-/Unterhitze (100 °C Umluft) vorheizen. Haut der Fischfilets einschneiden. 20 g geklärte Butter mit zerdrücktem Knoblauch in einer ofenfesten Pfanne erhitzen. Die Fischfilets darin auf der Hautseite in 2–3 Minuten kross anbraten, wenden und dann im heißen Ofen ca. 5 Minuten garen, bis der Fisch glasig ist.

4. 10 g Butter und Parmesan unter das Risotto rühren, mit Salz und Pfeffer abschmecken. Risotto mit Tomatenkompott und Fisch anrichten. Mit etwas Salz und Pfeffer würzen.

Pro Portion:

760 kcal | **43 g** E | **32 g** Fett | **57 g** KH

ECHT
EDEL

KABELJAU
IN SENFSAUCE

MEINE BASICS

- 600 g Kartoffeln
- 6 Schalotten
- 3 Knoblauchzehen
- 40 g Butter
- 250 ml Gemüsefond
- 100 g Schlagsahne
- Salz
- Pfeffer
- 60 g geklärte Butter (siehe S. 25)

- **100 g körniger Senf**
- **600 g Blattspinat**
- **4 Kabeljaufilets (à 160 g; mit Haut; alternativ: Rotbarsch, Zander)**

4 Personen

ca. 50 Minuten

1. Kartoffeln waschen, in einen Topf geben, knapp mit Salzwasser bedecken und aufkochen. Zugedeckt bei mittlerer Hitze ca. 20 Minuten garen.
2. Inzwischen für die Senfsauce 3 Schalotten schälen. 1 Knoblauchzehe samt Schale mit einer Messerklinge zerdrücken, restliche Knoblauchzehen schälen und sehr fein würfeln. Die Butter in einem Topf erhitzen, die Schalottenwürfel darin ohne Farbe anschwitzen. Senf einrühren, kurz mit anschwitzen und mit Fond auffüllen. Alles um ca. ein Drittel einkochen lassen, dann mit Sahne auffüllen. Die Sauce mit dem Pürierstab leicht anmixen und mit Salz und wenig Pfeffer abschmecken.
3. Die Kartoffeln abgießen, kalt abschrecken, pellen und in Scheiben schneiden. Übrige Schalotten schälen und sehr fein würfeln. 30 g geklärte Butter in einer Pfanne erhitzen und die Kartoffelscheiben darin in ca. 10 Minuten rösch anbraten. Dabei mehrmals vorsichtig wenden und am Ende ein Drittel der Schalottenwürfel zugeben und mitbraten. Salzen und pfeffern.
4. Den Backofen auf 120 °C Ober-/Unterhitze (100 °C Umluft) vorheizen. Blattspinat waschen, abtropfen lassen und verlesen. 10 g geklärte Butter in einem weiten Topf erhitzen. Übrige Schalottenwürfel und gewürfelten Knoblauch darin hellbraun anbraten. Blattspinat hinzugeben, salzen und pfeffern und bei kleiner Hitze unter Rühren zusammenfallen lassen. Mit etwas Senfsauce begießen. Mit Salz und Pfeffer abschmecken.
5. 20 g geklärte Butter mit zerdrückter Knoblauchzehe ein einer ofenfesten Pfanne erhitzen. Kabeljaufilets mit Salz und Pfeffer würzen und in der Butter auf der Hautseite 2–3 Minuten kross anbraten, wenden. Im heißen Ofen in ca. 5 Minuten sanft fertig garen. Filets mit Spinat, Bratkartoffeln und Sauce anrichten.

Pro Portion:

560 kcal | **38 g** E | **32 g** Fett | **28 g** KH

HERINGSSTIPP
MIT PELLKARTOFFELN

MEINE BASICS

- 300 g Schlagsahne
- Salz
- Pfeffer
- 600 g Kartoffeln
- 2 Schalotten
- 30 g Butter

- **3 Äpfel (Golden Delicious)**
- **1 Bund Schnittlauch**
- **8 Doppelfilets Hering oder Matjes**

4 Personen

ca. 40 Minuten

1. Die Sahne in einen Topf geben, aufkochen und auf etwa 200 g einkochen lassen, sodass eine Crème double entsteht. Mit Salz und Pfeffer abschmecken, danach kalt stellen.
2. Die Kartoffeln knapp bedeckt mit Salzwasser aufkochen und zugedeckt ca. 20 Minuten garen. Anschließend abgießen, kalt abschrecken und pellen.
3. Inzwischen die Schalotten schälen und sehr fein würfeln. Die Äpfel schälen, vierteln, entkernen und ebenfalls fein würfeln. Schnittlauch waschen, trocken schütteln und in feine Röllchen schneiden. Heringfilets in 2–3 cm große Rauten schneiden.
4. Schalotten- und Apfelwürfel in eine Schüssel geben und mit Crème double verrühren. Heringfiletstücke zugeben und vorsichtig unterheben. Die Hälfte des fein geschnittenen Schnittlauchs dazugeben, eventuell noch mit etwas Salz und Pfeffer abschmecken und kalt stellen.
5. Die Butter im Kartoffeltopf erhitzen. Die Pellkartoffeln darin schwenken. Den Heringsstipp mit den Kartoffeln anrichten und mit übrigem Schnittlauch garnieren.

PIMP IT UP

1 Apfel halbieren und von jeder Seite 4 hauchdünne Scheiben (mit Kerngehäuse) abschneiden. Auf ein mit Backpapier oder mit einer Silikonmatte ausgelegtes Backblech legen und bei 130 °C Ober-/Unterhitze im Ofen ca. 1 ½ Stunden trocknen. Dauert etwas, aber man hat einen tollen Effekt auf dem Teller. Da die Apfelringe auch als Snack schmecken, lohnt es sich gleich eine größere Menge zu machen.

Pro Portion:

755 kcal | **41 g** E | **52 g** Fett | **42 g** KH

SELLERIERISOTTO
MIT ROTWEINBIRNE

MEINE BASICS

- 3 Schalotten
- 2 Knoblauchzehen
- 80 g Parmesan
- 80 g Butter
- 200 g Risottoreis
- 600 ml Gemüsefond
- 500 ml trockener Rotwein
- Salz
- Pfeffer

- **3 reife Birnen (z. B. Abate Fetel)**
- **200 g Knollensellerie**
- **200 ml trockener Weißwein**

4 Personen

ca. 35 Minuten

1. Die Schalotten und den Knoblauch schälen und in sehr feine Würfel schneiden. Den Parmesan fein hobeln. Die Birnen schälen und das Kerngehäuse ausstechen. Den Sellerie schälen, waschen und in sehr feine Würfel schneiden.
2. Die Hälfte der Butter in einem Topf zerlassen. Die Schalotten, den Knoblauch und den Risottoreis darin unter Wenden glasig schwitzen. Mit Weißwein ablöschen und köcheln lassen, bis der Wein fast komplett aufgesogen ist. Mit Fond auffüllen, die Selleriewürfel zugeben und unter stetigem Rühren mit einem Holzlöffel bei mittlerer Hitze ca. 18 Minuten garen. Der Reis sollte am Ende „al dente" sein, also noch etwas Biss haben.
3. Nebenbei den Rotwein in einem hohen Topf zum Kochen bringen, die Birnen zugeben und bei geringer Hitze je nach Reife in 12–15 Minuten gar ziehen lassen.
4. Restliche Butter und Parmesan, bis auf etwas zum Bestreuen, zum Risotto geben und unterrühren. Mit Salz und Pfeffer abschmecken. Birnen aus dem Topf nehmen, in Spalten schneiden und auf dem Risotto anrichten. Mit Parmesan bestreuen.

PIMP IT UP

Etwas Sellerie in hauchdünne Scheiben oder Julienne schneiden, blanchieren, abtupfen und in geklärter Butter zu Chips oder Stroh frittieren und auf das Risotto geben.

MEIN TIPP

Die Birnen bekommen eine besonders intensive Farbe, wenn Ihr sie nach dem Garen abgedeckt im Topf 2 Tage im Rotwein durchziehen lasst. Dazu die Birnen zwei Tage vor dem Risotto schon zubereiten und im Kühlschrank aufbewahren.

Pro Portion:

650 kcal | **13 g** E | **27 g** Fett | **63 g** KH

MEIN VEGGIE-
LIEBLING

GRATINIERTE ARTISCHOCKE

MEINE BASICS

- 2 Schalotten
- 2 Knoblauchzehen
- 100 g geriebener Parmesan
- Salz
- Pfeffer
- 40 g geklärte Butter (siehe S. 25)
- 100 ml Gemüsefond
- 400 g Kartoffeln
- 40 g Butter
- 100 g Schlagsahne

➕

- **4 große Artischocken**
- **60 g Pinienkerne**
- **2 Knollen Fenchel**

4 Personen

ca. 45 Minuten

1. Den Backofen auf 160 °C Umluft vorheizen. Artischocken putzen. Hierfür den Stiel über der Tischkante abbrechen und die äußeren Blätter abknicken. Anschließend mit einem Sägemesser oberhalb des Artischockenbodens die restlichen Blätter abschneiden, das Stroh mit einem Esslöffel entfernen. Die Schalotten und den Knoblauch schälen und fein würfeln. Schalotten, Knoblauch, Parmesan und Pinienkerne mischen.

2. Artischocken mit Salz und Pfeffer würzen. Geklärte Butter in einer ofenfesten Pfanne erhitzen, Artischocken darin unter Wenden anbraten. Mit Fond ablöschen und Artischocken mit der Parmesanmischung füllen. Im heißen Backofen in ca. 20 Minuten garen und bräunen.

3. Inzwischen die Kartoffeln schälen, waschen und je nach Größe halbieren oder vierteln. Fenchel putzen (das Grün hacken und aufbewahren), waschen und achteln. Kartoffeln und Fenchel in einen Topf geben, knapp mit Salzwasser bedecken und in etwa 20 Minuten weich garen. Abgießen, abtropfen und ausdämpfen lassen. Butter in den Topf geben und leicht bräunen. Sahne zugießen, erhitzen. Kartoffel-Fenchel-Mix zugeben und alles zu einem Stampf verarbeiten, salzen und pfeffern. Mit Fenchelgrün verfeinern. Artischocken mit Stampf anrichten.

PIMP IT UP

Die Fenchelknollen halbieren und vor dem Weiterverarbeiten von jeder Hälfte auf einer Mandoline eine dünne Fenchelscheibe abhobeln. Die 4 Fenchelscheiben auf einem mit Backpapier ausgelegten Blech ausbreiten und im 120 °C heißen Ofen trocknen, bis sie knusprig sind. Das dauert je nach Ofen ca. 2 Stunden. So entstehen dekorative Fenchelchips, die später in den Stampf gesteckt werden können.

Pro Portion:

600 kcal | **26 g** E | **42 g** Fett | **30 g** KH

FEIN
GEFÜLLT

STEINPILZRISOTTO
MIT PARMESAN

MEINE BASICS

- 4 Schalotten
- 1 Knoblauchzehe
- 80 g Butter
- 300 g Risottoreis
- 650 ml Gemüsefond
- 40 g geklärte Butter (siehe S. 25)
- Salz, Pfeffer
- 100 g Parmesan
- 80 g Schlagsahne

+

- **20 g getrocknete Steinpilze**
- **200 ml trockener Weißwein**
- **400 g frische Steinpilze (alternativ braune Champignons)**

4 Personen

ca. 30 Minuten

1. Getrocknete Steinpilze im Blitzhacker zu Staub zermahlen.
2. Schalotten und Knoblauch schälen und fein würfeln. 30 g Butter in einem Topf erhitzen. Die Hälfte der Schalottenwürfel und den Knoblauch darin mit dem Risottoreis glasig anschwitzen. Den Steinpilz-Staub hinzugeben. Mit Weißwein ablöschen und köcheln lassen, bis er fast komplett aufgesaugt ist. Nun den heißen Fond nach und nach angießen und den Risotto unter Rühren mit einem Holzlöffel bei mittlerer Hitze ca. 18 Minuten garen. Der Reis sollte am Ende „al dente" sein, also noch etwas Biss haben.
3. Während der Risotto kocht, die Steinpilze mit einem Pinsel oder einer Bürste vorsichtig säubern und längs in Scheiben schneiden. Geklärte Butter in einer großen Pfanne erhitzen, die Pilze darin unter Wenden goldbraun braten. Am Ende die übrigen Schalottenwürfel zugeben und mitbraten, mit Salz und Pfeffer würzen.
4. 80 g Parmesan reiben, mit 50 g Butter unter den Risotto rühren. Die Sahne halb steif schlagen, unter den fertigen Risotto heben. Mit Salz und Pfeffer abschmecken. In tiefen Tellern anrichten und die gebratenen Steinpilze daraufgeben. Den übrigen Parmesan über das Risotto hobeln.

PIMP IT UP

1 Steinpilz mithilfe eines Trüffelhobels in feine Scheiben hobeln und diese in der Pfanne kross braten.

Pro Portion:

755 kcal | **20 g** E | **43 g** Fett | **63 g** KH

GESCHMORTE KIRSCHTOMATEN

MEINE BASICS

- 4 Schalotten
- 2 Knoblauchzehen
- 130 g Butter
- 300 g Risottoreis
- 650 ml Gemüsefond
- Salz
- Pfeffer
- 120 g geriebener Parmesan

+

- **300 ml trockener Weißwein**
- **400 g gelbe und rote Kirschtomaten an der Rispe**
- **3 Bund Frühlingszwiebeln**

4 Personen

ca. 30 Minuten

1. Den Backofen auf 160 °C Ober-/Unterhitze (140 °C Umluft) vorheizen. Schalotten und Knoblauch schälen und sehr fein würfeln. 60 g Butter in einem Topf erhitzen. Die Hälfte der Schalottenwürfel und die Hälfte des Knoblauchs darin mit dem Risottoreis glasig anschwitzen. Mit 250 ml Wein ablöschen und köcheln lassen, bis der Wein fast vollständig verkocht ist. Nach und nach heißen Fond angießen und den Risotto unter Rühren mit einem Holzlöffel ca. 18 Minuten garen. Der Reis sollte am Ende „al dente" sein, also noch etwas Biss haben.

2. Während der Risotto köchelt, die Kirschtomaten an der Rispe waschen und trocken tupfen. 20 g Butter in einer ofenfesten Pfanne erhitzen, Tomaten darin anbraten, restlichen Knoblauch zugeben, mit Salz und Pfeffer würzen und mit restlichem Wein ablöschen. Im heißen Ofen ca. 15–20 Minuten schmoren, bis die Tomaten leicht aufplatzen. Inzwischen die Frühlingszwiebeln waschen, putzen und fein schneiden. Diese ca. 10 Minuten vor Ende der Schmorzeit zu den Tomaten geben und mitschmoren.

3. Parmesan mit 50 g Butter unter den Risotto rühren, mit Salz und Pfeffer abschmecken. Einen Teil der Frühlingzwiebeln in den Risotto geben. Risotto anrichten, übrige Frühlingszwiebeln und Kirschtomaten dekorativ darüber verteilen und mit etwas Schmorsud begießen.

Pro Portion:

800 kcal | **19 g** E | **41 g** Fett | **75 g** KH

SÜßES

DEINE BASICS

- ZARTBITTER-KUVERTÜRE
- EIER (M)
- BACKPULVER
- QUARK (20 % FETT I. TR.)
- VANILLESCHOTE
- MILCH (3,5 %)
- DINKELMEHL (TYPE 630)
- BUTTER
- ZUCKER

SÜẞES

DEINE PLUS-3-ZUTATEN

CASSIS-MASCARPONE-TÖRTCHEN S. 194

- 125 g Löffelbiskuits
- 250 g schwarze Johannisbeeren
- 200 g Mascarpone

PASSIONSFRUCHT-TASSENKÜCHLEIN S. 196

- 10 Passionsfrüchte
- 2 Bio-Orangen
- 250 g Himbeeren

QUARK-KIRSCH-MUFFINS S. 198

- 2 Bio-Zitronen
- 50 g Marzipan-Rohmasse
- 250 g Süßkirschen

ÖHMCHENS KIRSCH-STREUSEL MIT EIS S. 199

- 100 g Sauerkirschen aus dem Glas
- 100 g Schlagsahne
- 200 g Vanilleeis

BROMBEER-SCHOKO-CUPCAKES S. 200

- 250 g Brombeeren
- 30 g Kakaopulver
- 1 Päckchen Vanillepudding-pulver (zum Kochen)

ERDBEER-GALETTES MIT VANILLESAHNE S. 202

- 500 g Erdbeeren
- 1 Bio-Zitrone
- 150 g Schlagsahne

SCHOKOLADENCREME MIT KIRSCHEN S. 204

- 2 Bio-Orangen
- 1 Glas Schattenmorellen (370 g Abtropfgewicht)
- 200 g Schlagsahne

MANDEL-SCHOKOKUCHEN MIT APFELKOMPOTT S. 205

- 150 g gemahlene Mandeln (mit Haut)
- 6 Äpfel
- 150 ml Amaretto

GEFÜLLTE PFLAUMEN-RÖLLCHEN S. 206

- 250 g Pflaumen (frisch; alternativ tiefgefroren)
- 50 ml Ahornsirup
- 1 EL gemahlener Zimt

SNICKERDOODLE-COOKIES S. 208

- 130 g Haferflocken
- ½ TL Natron
- 2 EL gemahlener Zimt

TOPFENGRATIN MIT GEWÜRZORANGEN S. 210

- 8 Bio-Orangen
- 6 Sternanis
- 20 g Ingwer

HEFEZOPF MIT MARMELADE S. 211

- 20 g Hefe
- 200 g bittere Orangen-marmelade mit Zeste
- 80 g Hagelzucker

WINDBEUTELKRANZ MIT MANGO S. 212

- 1 Bund Minze
- 250 g Schlagsahne
- 1 reife Mango

KAISERSCHMARRN MIT HIMBEERQUARK S. 216

- 40 g Rosinen
- 1 Bio-Zitrone
- 100 g Himbeerkonfitüre

FLAMMKUCHEN MIT ÄPFELN S. 217

- 2 Äpfel (Golden Delicious)
- 150 g Münsterkäse
- 100 g eingedickte Wild-Preiselbeeren (Glas)

CASSIS-MASCARPONE-TÖRTCHEN

MEINE BASICS

- 50 g flüssige Butter
- 100 g Schlagsahne
- Mark von 1 Vanilleschote
- 100 g Zucker

- **125 g Löffelbiskuits**
- **250 g schwarze Johannisbeeren**
- **200 g Mascarpone**

6 Stück

ca. 25 Minuten (+ Wartezeit)

1. Für den Boden Löffelbiskuits in einen Gefrierbeutel geben, den Beutel verschließen und die Löffelbiskuits mithilfe einer Teigrolle zerbröseln. Die Brösel in eine Schüssel geben und mit der flüssigen Butter gut vermengen. 6 Servierringe (à 6 cm Durchmesser) auf ein mit Frischhaltefolie belegtes Tablett setzen. Masse in die Ringe verteilen und jeweils zu einem Boden andrücken. Zum Festwerden ca. 15 Minuten ins Eisfach stellen.

2. Johannisbeeren waschen, trocken tupfen, von den Rispen zupfen und ca. ein Drittel davon auf den Böden verteilen.

3. Für die Creme die Sahne steif schlagen. Mascarpone zusammen mit Vanillemark und 75 g Zucker aufschlagen. Die Sahne unterheben. Die Creme auf die Böden geben. Glatt streichen.

4. Verbliebene Johannisbeeren mit 25 g Zucker pürieren. Cassispüree, bis auf ca. 2 EL zum Verzieren, auf die Creme füllen. Die Törtchen mindestens 45 Minuten im Kühlschrank kühlen. Die Servierringe abziehen und die Törtchen auf Tellern anrichten. Die Teller mit übrigem Cassispüree verzieren.

Pro Stück:

400 kcal | **7 g** E | **24 g** Fett | **37 g** KH

OHNE
BACKEN

PASSIONSFRUCHT-
TASSENKÜCHLEIN

MEINE BASICS

- ca. 20 g weiche Butter
- 80 g Zucker
- 180 g Quark
- 80 g Butter
- 2 Eier
- Mark von 1 Vanilleschote
- 140 g Mehl
- 2 TL Backpulver
- 1 Prise Salz
- 50 ml Milch
- 50 g Zucker

- **10 Passionsfrüchte**
- **2 Bio-Orangen**
- **250 g Himbeeren**

6 Stück

ca. 50 Minuten (+ Wartezeit)

1. Den Backofen auf 160 °C Ober-/Unterhitze (140 °C Umluft) vorheizen. 6 ofenfeste Tassen (à ca. 150 ml Inhalt) mit weicher Butter ausstreichen und mit 20 g Zucker ausstreuen. Auf ein Backblech stellen. 80 g Quark auf ein feines Sieb geben und gut abtropfen lassen.

2. Passionsfrüchte halbieren, Kerne und Fruchtmark aus den Schalen lösen und in einen Topf geben. Orangen heiß waschen, trocken reiben und die Schale fein abreiben. Orangen halbieren, den Saft auspressen, zum Passionsfruchtmark geben und aufkochen. Dann umfüllen und etwas abkühlen lassen. Butter in einem kleinen Topf schmelzen und köcheln, bis sie leicht bräunt. Umfüllen und ebenfalls etwas abkühlen lassen.

3. Für den Teig die Eier mit 80 ml Passionsfruchtsaft, Vanillemark und 60 g Zucker schaumig schlagen. Die gebräunte Butter und den abgetropften Quark einrühren. Mehl, Backpulver und Salz mischen, auf die Masse sieben und unterheben, sodass eine glatte Masse entsteht. Die Masse in die vorbereiteten Tassen verteilen. Im heißen Ofen ca. 30 Minuten goldgelb backen. Dann herausnehmen und abkühlen lassen.

4. Für das Topping den restlichen Quark mit Milch, Zucker und Orangenschale glatt rühren. Himbeeren zugeben und untermischen. Die Tassenküchlein aus den Tassen stürzen. Topping darauf verteilen. Mit restlichem Passionsfruchtsaft beträufeln.

MEIN TIPP

Wenn Euch die Passionsfruchtkerne stören, könnt Ihr das Fruchtmark durch ein Sieb streichen vor der Verwendung. Ich finde den Crunch der Kerne aber ganz witzig.

Pro Stück:

430 kcal | **11 g** E | **18 g** Fett | **53 g** KH

FRUCHTIG-
FEIN

QUARK-KIRSCH-
MUFFINS

MEINE BASICS

- 60 g Butter
- 100 g Zucker
- 2 Eier
- Mark von 1 Vanilleschote
- 1 Prise Salz
- 150 g Mehl
- 10 g Backpulver
- 125 g Quark

➕

- **1 Bio-Zitrone**
- **50 g Marzipan-Rohmasse**
- **250 g Süßkirschen**

12 Stück

ca. 30 Minuten

1. Den Backofen auf 160 °C Ober-/Unterhitze (140 °C Umluft) vorheizen. 12 Mulden eines Muffinblechs mit Papierförmchen auslegen oder eine Silikon-Muffinform verwenden.
2. Butter schmelzen. Zitrone heiß waschen, trocken reiben und die Schale fein abreiben. Zitrone halbieren und den Saft auspressen. Flüssige Butter, Zitronenschale und -saft, Zucker, Eier, Vanillemark, Marzipan in Stücken und Salz in die Rührschüssel der Küchenmaschine geben und ca. 5 Minuten aufschlagen. Mehl und Backpulver mischen, auf die Masse sieben und kurz unterrühren. Quark hinzugeben und sorgfältig unterheben.
3. Kirschen waschen, entstielen und entsteinen. Kirschen unter den Teig ziehen.
4. Den Teig in die Muffinmulden füllen und im heißen Ofen ca. 20 Minuten backen. Mit einem Holzstäbchen in die Muffins stechen: Klebt am herausgezogenen Stäbchen kein Teig mehr, sind die Muffins fertig. Auf einem Kuchengitter gut auskühlen lassen. Dazu passt eine frische Tasse Filterkaffee.

MEIN TIPP

Die Muffins sind sehr zart und weich, deshalb komplett auskühlen lassen. Am besten in den Papierförmchen servieren.

VARIANTEN

Statt Kirschen schmecken auch frische Beeren wie z. B. Himbeeren, Brombeeren oder Erdbeeren.

Pro Stück:

180 kcal	**4 g** E	**7 g** Fett	**24 g** KH

ÖHMCHENS KIRSCHSTREUSEL MIT EIS

MEINE BASICS

50 g Butter

90 g Zucker

80 g Dinkelmehl

Mark von ½ Vanilleschote

+

- 100 g Sauerkirschen aus dem Glas
- 100 g Schlagsahne
- 200 g Vanilleeis

4 Personen

ca. 30 Minuten

1. Den Backofen auf 200 °C Ober-/Unterhitze (180 °C Umluft) vorheizen. Die Sauerkirschen abgießen, gut abtropfen lassen und in 4 feuerfeste Förmchen füllen.
2. Butter mit 75 g Zucker, Dinkelmehl und der Hälfte des Vanillemarks zu Streuseln verkneten. Die Kirschen komplett mit den Streuseln bedecken und im heißen Ofen ca. 20 Minuten goldbraun backen.
3. Sahne mit 15 g Zucker und restlichem Vanillemark halb steifschlagen und zusammen mit Vanilleeis zu den warmen Kirschstreuseln servieren.

Pro Portion:

390 kcal | **5 g** E | **19 g** Fett | **48 g** KH

BROMBEER-SCHOKO-CUPCAKES

MEINE BASICS

- 250 g Zucker
- Mark von 1 Vanilleschote
- 200 g Zartbitter-Kuvertüre
- 250 g Butter
- 2 Eier
- 250 g Mehl
- 2 EL Backpulver
- 500 ml Milch
- 250 g weiche Butter

- **250 g Brombeeren**
- **30 g Kakaopulver**
- **1 Päckchen Vanillepuddingpulver (zum Kochen)**

ca. 20 Stück

ca. 55 Minuten (+ Wartezeit)

1. Den Backofen auf 170 °C Ober-/Unterhitze (150 °C Umluft) vorheizen und ca. 20 Papier-Muffinförmchen auf einem Backblech ausbreiten. Etwa zwei Drittel der Brombeeren mit einem Stabmixer fein pürieren.

2. Für den Teig 200 ml Wasser mit 160 g Zucker und Vanillemark in einem Topf aufkochen. Kuvertüre grob hacken, mit Butter in den Topf geben und unter Rühren schmelzen. Kakaopulver hinzugeben und glattrühren, vom Herd nehmen. Die Eier mit 40 g Zucker in einer Rührschüssel mit den Schneebesen des Handrührgerätes aufschlagen. Brombeerpüree und Schokoladenmasse unterrühren. Mehl mit Backpulver mischen, auf die Masse sieben und kurz unterrühren. Den Teig in die Papierförmchen füllen. Im heißen Ofen ca. 30 Minuten backen. Mit einem Holzstäbchen in die Muffins stechen: Klebt beim Herausziehen kein Teig mehr am Stäbchen, sind die Muffins fertig. Auskühlen lassen.

3. Für das Frosting 100 ml Milch mit Puddingpulver verrühren. Übrige Milch aufkochen, Puddingmilch einrühren und für ca. 2 Minuten unter Rühren köcheln lassen. In eine Schüssel füllen, mit Frischhaltefolie direkt abdecken und abkühlen lassen.

4. Inzwischen für das Frosting zimmerwarme Butter, Zucker und Vanillemark mit den Schneebesen des Handrührgerätes in ca. 10 Minuten dick-cremig und weiß aufschlagen. Pudding kurz durchrühren, dann löffelweise unter die aufgeschlagene Butter rühren (beide Massen müssen in etwa die gleiche Temperatur haben, sonst gerinnt die Buttercreme). Creme in einen Spritzbeutel mit geeigneter Tülle füllen und auf die Cupcakes spritzen. Mit übrigen Beeren verzieren.

Pro Stück:

365 kcal | **3 g** E | **26 g** Fett | **31 g** KH

SUCHT-
GEFAHR

ERDBEER-GALETTES
MIT VANILLESAHNE

MEINE BASICS

- 250 g Mehl
- 100 g Zucker
- 100 g kalte Butter
- Mark von 1 Vanilleschote
- 2 Eier
- 1 Prise Salz
- Mehl zum Ausrollen

- **500 g Erdbeeren**
- **1 Bio-Zitrone**
- **150 g Schlagsahne**

6 Stück

ca. 50 Minuten (+ Wartezeit)

1. Für den Mürbteig das Mehl sieben und mit 50 g Zucker, Butter in Würfelchen, der Hälfte des Vanillemarks, 1 Ei und Salz mit dem Knethaken des Handrührgerätes oder mit kühlen Händen rasch zu einem Teig verkneten. Den Teig zu einer glatten Kugel formen, in Frischhaltefolie wickeln und leicht platt drücken. Für ca. 1 Stunde kalt stellen.

2. In der Zwischenzeit für die Füllung die Erdbeeren waschen, abtropfen lassen, putzen und jeweils sechsteln. Die Zitrone heiß waschen, trocken reiben und die Schale fein abreiben. Die Zitrone halbieren, Saft auspressen. Zitronensaft und -schale mit 25 g Zucker verrühren, die Erdbeeren unterheben und Saft ziehen lassen. Anschließend abtropfen lassen.

3. Den Backofen auf 180 °C Ober-/Unterhitze (160 °C Umluft) vorheizen. Den Teig auf einer bemehlten Arbeitsfläche 4–5 mm dünn ausrollen. 6 Kreise (à ca. 15 cm Durchmesser) ausschneiden. Die Teigkreise auf ein mit Backpapier belegtes Backblech legen und so mit den Erdbeeren belegen, dass rundherum jeweils ein ca. 2 cm breiter Rand frei bleibt. Den Rand dekorativ zur Mitte hin einklappen.

4. 2 EL Sahne mit 1 Ei verquirlen und die Ränder der Galettes damit einpinseln. Im heißen Ofen ca. 35 Minuten backen. Herausnehmen und abkühlen lassen.

5. In der Zwischenzeit die verbliebene Sahne mit dem restlichen Zucker und dem übrigen Vanillemark halbsteif schlagen und gekühlt zu den Galettes servieren.

MEIN TIPP
Natürlich passen auch alle anderen Beeren als Belag.

Pro Stück:

465 kcal | **9 g** E | **25 g** Fett | **51 g** KH

SOMMER-
HIT

SCHOKOLADENCREME
MIT KIRSCHEN

MEINE BASICS

- Mark von 1 Vanilleschote
- 225 g Zartbitter-Kuvertüre
- Salz
- 4 Eier
- 40 g Zucker

- **2 Bio-Orangen**
- **1 Glas Schattenmorellen (370 g Abtropfgewicht)**
- **200 g Schlagsahne**

6 Portionen

ca. 25 Minuten (+ Kühlzeit)

1. Die Orangen heiß waschen, trocken reiben und die Schale fein abreiben. Die Orangen halbieren, den Saft auspressen. Die Schattenmorellen samt Saft in einen Topf geben. Orangensaft, einen Teil der Orangenschale und Vanillemark zugeben und aufkochen. Alles für ca. 15 Minuten köcheln lassen, bis eine geleeartige Konsistenz entsteht. Dabei öfters rühren.
2. 200 g Kuvertüre grob hacken, mit 1 Prise Salz in eine Metallschüssel geben und in einem heißen Wasserbad schmelzen.
3. Die Sahne halb steif schlagen. Die Eier trennen, das Eiweiß mit 1 Prise Salz steif schlagen. Die Eigelbe mit Zucker und übriger Orangenschale mit den Schneebesen des Handrührgerätes cremig schlagen und unter die Sahne ziehen. Nun zügig die geschmolzene Schokolade unter die Sahne-Eigelbmischung heben, anschließend das steife Eiweiß vorsichtig unterziehen.
4. Abwechselnd Kirschen und Schokocreme in Gläser schichten. Von der übrigen Kuvertüre mit einem Sparschäler direkt über der Creme Röllchen abziehen. Die Schokoladencreme vor dem Servieren kühl stellen.

Pro Portion:

475 kcal | **14 g** E | **41 g** Fett | **72 g** KH

MANDEL-SCHOKOKUCHEN
MIT APFELKOMPOTT

MEINE BASICS

- 400 g Zartbitter-Kuvertüre
- 250 g Butter
- 50 g Dinkelmehl
- Salz
- 300 g Zucker
- 6 Eier

- **150 g gemahlene Mandeln (mit Haut)**
- **6 Äpfel**
- **150 ml Amaretto**

ca. 16 Stücke

ca. 45 Minuten (+ Wartezeit)

1. Den Backofen auf 180 °C Ober-/Unterhitze (160 °C Umluft) vorheizen. Eine Springform (24 cm Durchmesser) mit Backpapier auslegen. Die Kuvertüre grob hacken, mit der Butter in die Metallschüssel der Küchenmaschine geben und im heißen Wasserbad schmelzen. Vom Wasserbad nehmen, Mehl darauf sieben. Gemahlene Mandeln, 1 Prise Salz und 250 g Zucker im Sturz hinzufügen und alles mit der Küchenmaschine auf kleiner Stufe verrühren. Eier nach und nach dazugeben und unterrühren, sodass ein Schokoladenkuchenteig entsteht.

2. Den Teig in die Form füllen. Im heißen Ofen ca. 25 Minuten backen. Der Kuchen ist fertig, wenn er eine leichte Kruste hat, in der Mitte aber noch glitschig ist. Dazu mit einem Holzstäbchen in den Kuchen stechen: Klebt beim Herausziehen noch etwas Teig am Stäbchen, ist er fertig. Kuchen auskühlen lassen.

3. Für das Apfelkompott die Äpfel schälen, vierteln, entkernen und fein würfeln. 50 g Zucker in einem Topf erhitzen und karamellisieren. Mit Amaretto ablöschen und den Karamell loskochen. Die Apfelwürfel hinzugeben, aufkochen und alles ca. 10 Minuten köcheln lassen. Die Masse mit einem Kartoffelstampfer zerdrücken und unter Rühren weitere 5 Minuten dicklich einkochen lassen.

MEIN TIPP

Etwas mehr Schokolade und Butter schmelzen und zur Seite stellen. Vor dem Servieren erneut erhitzen und auf den ausgekühlten Kuchen träufeln.

Pro Stück:

486 kcal | **8 g** E | **29 g** Fett | **44 g** KH

GEFÜLLTE PFLAUMEN-RÖLLCHEN

MEINE BASICS

- 2 Eier (Größe M)
- 125 g Dinkelmehl
- 250 ml Milch
- 50 g Zucker
- Salz
- 1 Vanilleschote
- 30 g Butter

- **250 g Pflaumen (frisch; alternativ tiefgefroren)**
- **50 ml Ahornsirup**
- **1 EL gemahlener Zimt**

4 Personen

ca. 40 Minuten

1. Für die Pfannkuchen Eier, Mehl, Milch, Zucker und 1 Prise Salz zu einem glatten Teig verquirlen. Ca. 10 Minuten zum Quellen stehen lassen.

2. Inzwischen die Pflaumen waschen, trocken reiben, halbieren und entsteinen. Die Vanilleschote längs aufschneiden und das Mark mit einem Messer herausschaben. Pflaumen mit Vanillemark, -schote und Ahornsirup in einen Topf geben, aufkochen und zugedeckt bei kleiner Hitze ca. 5 Minuten schmoren, bis sie weich sind. Vom Herd nehmen, Vanilleschote entfernen und die Pflaumen pürieren. Mit Zimt abschmecken.

3. Den Teig nochmals durchrühren. Etwas Butter in einer beschichteten Pfanne (ca. 24 cm Durchmesser) erhitzen. Ein Viertel des Teiges hineingeben und durch Schwenken der Pfanne dünn und gleichmäßig verteilen. 4–5 Minuten backen, wenden und weitere 3–4 Minuten backen, bis der Pfannkuchen von beiden Seiten goldbraun ist. Aus der Pfanne nehmen, warmhalten. In der übrigen Butter aus dem restlichen Teig auf die gleiche Weise drei weitere Pfannkuchen backen. Warmhalten.

4. Die Pfannkuchen mit je ein Viertel der Pflaumenmasse bestreichen und aufrollen. In 3–4 cm breite Röllchen schneiden. Die Röllchen auf einen Servierteller oder eine Platte setzen.

MEIN TIPP

Bei Bedarf mit Holzspießchen fixieren. So lassen sich die Röllchen auch super als Fingerfood essen.

Pro Portion:

360 kcal | **10 g** E | **12 g** Fett | **51 g** KH

KINDER-
LIEBLING

SNICKERDOODLE-COOKIES

MEINE BASICS

- 115 g weiche Butter
- 220 g + 2 EL Zucker
- Mark von 1 Vanilleschote
- Salz
- 1 Ei
- 2 TL gehackte Zartbitter-Kuvertüre
- 230 g Mehl
- 1 TL Backpulver

+

- **130 g Haferflocken**
- **½ TL Natron**
- **2 EL gemahlener Zimt**

16 Stück

ca. 25 Minuten

1. Den Backofen auf 175 °C Ober-/Unterhitze (155 °C Umluft) vorheizen. Die Butter mit 220 g Zucker, Vanillemark, 1 Prise Salz und Ei in eine Rührschüssel geben und mit den Schneebesen des Handrührgerätes zu einer glatten Masse verarbeiten.
2. Die Haferflocken und die Kuvertüre zusammen im Blitzhacker zu Pulver zermahlen. Das Mehl in eine große Schüssel sieben. 1 Prise Salz, Backpulver, Natron und Hafer-Schokopulver zugeben und untermischen. Die Butter-Zucker-Masse hinzugeben und alles zu einem glatten Teig verkneten.
3. Für den Mantel Zimt mit 2 EL Zucker vermengen und in einer Schüssel aufbewahren. Den Teig zu golfballgroßen Kugeln formen. Jede Kugel einzeln in der Zimt-Zucker-Mische wälzen. Kugeln auf zwei mit Backpapier ausgelegte Backbleche legen, dabei jeweils ca. 10 cm Abstand dazwischen lassen. Die Bleche übereinander im heißen Ofen ca. 15 Minuten backen.
4. Cookies samt Backpapier vom Backblech ziehen und auf einem Kuchengitter auskühlen lassen.

MEIN TIPP

Bob aus Chicago empfiehlt dazu nach alter amerikanischer Tradition ein Glas eiskalte Milch! Denn diese Cookies sind ein original US-Rezept. Der gute Bob war Teilnehmer der Küchenschlacht . Mir ist schier das Blech weg geflogen, so hammer waren seine Cookies!

Pro Stück:

205 kcal	**3 g** E	**8 g** Fett	**31 g** KH

BOBS ORIGINAL

TOPFENGRATIN
MIT GEWÜRZORANGEN

MEINE BASICS

- 100 g Zucker
- Mark von 1 Vanilleschote
- 250 g Quark
- 20 g flüssige Butter
- 1 Prise Salz
- 50 g Mehl
- 3 Eier

- **8 Bio-Orangen**
- **6 Sternanis**
- **20 g Ingwer**

4 Personen
ca. 35 Minuten

1. Die Orangen so schälen, dass auch die weiße Haut komplett entfernt wird. Die Filets zwischen den Trennhäuten herausschneiden, austretenden Saft dabei auffangen. Die übrigen Trennhäute gut ausdrücken.

2. 25 g Zucker in einem kleinen Topf karamellisieren. Mit dem aufgefangenen Saft ablöschen. Sternanis, Hälfte des Vanillemarks und ausgekratzte Vanilleschote zugeben. Den Ingwer schälen und dazu reiben. Alles aufkochen, ca. 5 Minuten einköcheln, dann abkühlen lassen. Über die Orangenfilets gießen.

3. Den Backofengrill vorheizen. Für die Gratinmasse den Quark mit der flüssigen Butter, 1 Prise Salz, übrigem Vanillemark und 50 g Zucker verrühren. Mehl darüber sieben und unterrühren. Die Eier trennen. Die Eigelbe unter die Quarkmasse rühren. Unmittelbar vor dem Gratinieren das Eiweiß mit 25 g Zucker sehr steif schlagen. Vorsichtig unter die Quarkmasse heben.

4. Die Gewürzorangen in 4 tiefen Tellern verteilen, mit je einem Viertel der Gratinmasse bedecken und unter dem heißen Backofengrill in ca. 5 Minuten goldbraun gratinieren. Dabei ständig beobachten, da die Masse schnell zu dunkel werden kann. Sofort servieren.

MEIN TIPP:

Die Gewürzorangen könnt Ihr schon zwei Tage vor der Zubereitung des Gratins zubereiten, in ein Schraubglas füllen und bis zur Verwendung kalt stellen. Das ist nicht nur praktisch, auch das Aroma wird so noch intensiver.

Pro Portion:

455 kcal | **17 g** E | **13 g** Fett | **64 g** KH

HEFEZOPF
MIT MARMELADE

MEINE BASICS

- 250 ml Milch
- 75 g Zucker
- 1 Ei
- Salz
- 500 g Mehl
- 75 g + etwas kalte Butter zum Bestreichen
- Mehl für die Arbeitsfläche

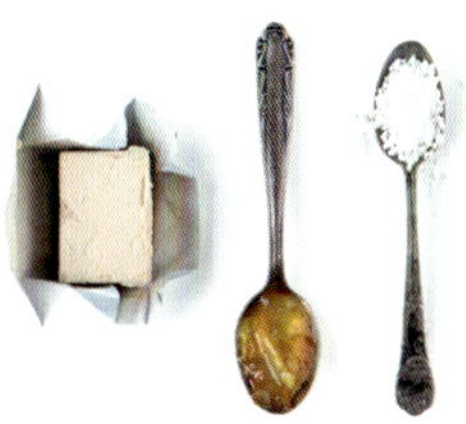

- **20 g Hefe**
- **200 g bittere Orangenmarmelade mit Zeste**
- **80 g Hagelzucker**

ca. 15 Scheiben

ca. 30 Minuten (+ Wartezeit)

1. Für den Teig die Milch lauwarm erwärmen. Hefe in die Rührschüssel der Küchenmaschine bröseln und mit 2–3 EL lauwarmer Milch und dem Zucker glattrühren. Das Ei verquirlen und etwa zwei Drittel davon zusammen mit restlicher Milch und 1 Prise Salz zur Hefe geben. Mehl darüber sieben. Alles mit dem Knethaken bei kleiner Geschwindigkeit verkneten. Dann die Geschwindigkeit erhöhen, den Teig ca. 5 Minuten kneten. Butter nach und nach unter den Teig geben. Sobald die Butter komplett untergeknetet ist, den Teig weitere 5 Minuten glatt kneten. Die Schüssel mit einem feuchten Geschirrtuch abdecken. Teig an einem warmen Ort ca. 1 Stunde gehen lassen.
2. Danach den Teig auf etwas Mehl mit dem Handballen durchkneten, dritteln und zugedeckt weitere 10 Minuten ruhen lassen. Teigstücke zu 3 Strängen von je ca. 40 cm Länge ausrollen. Jeden Strang mit einem kleinen Messer der Länge nach einschneiden, mit etwas Marmelade füllen. Den Teig über der Marmelade wieder zusammendrücken. Die Stränge sehr locker flechten. die Enden zusammendrücken. Den Zopf mit Butter bestreichen und auf ein mit Backpapier ausgelegtes Backblech legen, zudecken und ca. 45 Minuten gehen lassen.
3. Den Backofen auf 200 °C Ober-/Unterhitze (180 °C Umluft) vorheizen. Zopf mit restlichem verquirlten Ei bestreichen, mit Hagelzucker bestreuen. Im heißen Ofen ca. 15 Minuten backen.
4. Inzwischen die restliche Marmelade leicht erhitzen und durch ein Sieb streichen. Den Zopf aus dem Ofen nehmen. Die Ofentemperatur auf 180 °C Ober-/Unterhitze (160 °C Umluft) reduzieren. Zopf mit der Marmelade bestreichen und weitere ca. 10 Minuten backen. Auf einem Kuchengitter abkühlen lassen. Den Zopf mit kalter Butter und Orangenmarmelade genießen.

Pro Scheibe:

240 kcal | **4 g** E | **5 g** Fett | **43 g** KH

WINDBEUTELKRANZ
MIT MANGO

MEINE BASICS

- 120 ml Milch
- Mark von 2 Vanilleschoten
- 120 g weiche Butter
- Salz
- 150 g Mehl
- 4 Eier
- 120 g Zucker
- 100 g Quark

- **1 Bund Minze**
- **250 g Schlagsahne**
- **1 reife Mango**

12 Stücke

ca. 1 Stunde (+ Wartezeit)

1. Den Backofen auf 200 °C Umluft vorheizen, dabei eine kleine Schüssel mit Wasser auf den Ofenboden stellen. Auf 1 Bogen Backpapier einen Kreis von ca. 15 cm Ø aufmalen. Drumherum einen äußeren Kreis von ca. 24 cm Ø aufmalen. Backpapier mit der bemalten Seite nach unten auf ein Backblech legen.

2. Für den Brandteig die Milch zusammen mit 130 ml Wasser, Mark von 1 Vanilleschote, Butter und 2 Prisen Salz in einem Topf zum Kochen bringen. Mehl sieben, in einem Rutsch hinzufügen. Bei kleiner Hitze mit einem Holzlöffel rühren, bis der Teig einen Kloß formt und sich ein weißer Belag am Topf bildet.

3. Den Topf vom Herd nehmen, die Eier einzeln zugeben und jeweils gründlich unter den Teig arbeiten. Brandteig in einen Spritzbeutel mit großer Lochtülle (ca. 14 mm Durchmesser) füllen und spiralförmig zwischen die Kreise spritzen, sodass ein ca. 9 cm breiter Ring entsteht. Im heißen Ofen in 25–30 Minuten goldbraun backen. Aus dem Ofen nehmen und noch warm waagrecht halbieren. Die Böden wieder aufeinandergesetzt auf einem Kuchengitter auskühlen lassen.

4. Die Minze waschen, trocken schütteln und die Blättchen von den Stielen zupfen. 120 g Zucker zusammen mit der Hälfte der Minze im Blitzhacker zu Puderzucker mahlen und fein sieben. Quark mit 20 g Minzzucker und dem Mark einer Vanilleschote verrühren. Sahne steif schlagen und unter den Quark heben. Einige Minzblätter fein schneiden und ebenfalls unterheben. Die Creme auf den unteren Brandteigboden verteilen.

5. Die Mango vom Stein schneiden, das Fruchtfleisch schälen und klein würfeln. Auf der Creme verteilen und den oberen Brandteigboden auflegen. Mit übrigen Minzspitzen garnieren und mit übrigem Minzpuderzucker bestäuben.

Pro Stück:

270 kcal	**6 g** E	**17 g** Fett	**22 g** KH

SÜßER LUFTIKUS

KAISERSCHMARRN
MIT HIMBEERQUARK

MEINE BASICS

- 2 Eier
- 1 EL + 100 g Zucker
- 125 ml Milch
- Salz
- 80 g Mehl
- 50 g Butter
- 50 g Quark

- **40 g Rosinen**
- **1 Bio-Zitrone**
- **100 g Himbeerkonfitüre**

4 Portionen

ca. 40 Minuten

1. Den Backofengrill vorheizen. Für den Teig die Eier trennen. Das Eiweiß mit 1 EL Zucker steif schlagen. Die Eigelbe mit Milch und 1 Prise Salz in einer Rührschüssel glatt rühren. Mehl darauf sieben und unterrühren. Das Eiweiß vorsichtig unterziehen.

2. 20 g Butter in einer ofenfesten Pfanne (ca. 24 cm Durchmesser) schmelzen. Den Teig einfüllen, 1–2 Minuten stocken lassen, dann mit den Rosinen bestreuen. Unter dem heißen Backofengrill ca. 10 Minuten backen, bis die Oberfläche ganz gestockt und goldbraun ist. Dabei unbedingt am Ofen stehen bleiben, der Schmarrn verbrennt am Ende schnell.

3. Inzwischen 100 g Zucker im Blitzhacker zu Puderzucker mahlen. Für den Quark die Zitrone heiß waschen, trocken reiben und die Schale fein abreiben. Die Zitrone halbieren, den Saft auspressen. Den Quark mit Zitronenschale und etwas -saft abschmecken. Die Himberkonfitüre zugeben und unterziehen.

4. Den Kaiserschmarrn aus dem Ofen nehmen, mit zwei Gabeln in Stücke zupfen. Die übrige Butter zugeben und auf dem Herd schmelzen lassen. Den Kaiserschmarrn mit ca. zwei Dritteln des Puderzuckers bestäuben, alles vorsichtig mischen und karamellisieren lassen. Den Kaiserschmarrn mit übrigem Puderzucker bestäuben und mit dem Quark servieren.

MEIN TIPP

Dazu passt natürlich auch eine Kugel Vanilleeis.

Pro Portion:

405 kcal | **5 g** E | **12 g** Fett | **67 g** KH

FLAMMKUCHEN
MIT ÄPFELN

MEINE BASICS

250 g Mehl
40 g flüssige Butter
Salz
100 g Quark
40 ml Milch
Mehl zum Ausrollen

+ 2 Äpfel (am besten Golden Delicious)
+ 150 g Münsterkäse
+ 100 g eingedickte Wild-Preiselbeeren (Glas)

4 Portionen
ca. 50 Minuten

1. Für den Teig das Mehl in eine Schüssel sieben. 125 ml lauwarmes Wasser, flüssige Butter und 1 Prise Salz zugeben und zu einem geschmeidigen Teig verkneten. Mit Frischhaltefolie abgedeckt im Kühlschrank ca. 30 Minuten ruhen lassen.
2. Inzwischen den Quark mit der Milch glattrühren, mit 1 Prise Salz würzen. Äpfel schälen, vierteln und entkernen. Äpfel in dünne Spalten, Münsterkäse in etwas dickere Scheiben schneiden.
3. Den Backofen auf 250 °C Ober-/Unterhitze (Umluft nicht geeignet) vorheizen. Den Teig auf einer bemehlten Arbeitsfläche sehr dünn ausrollen und auf einen leicht bemehlten Pizzastein legen. Quarkmasse so auf den Teig streichen, dass ein 1 cm schmaler Rand frei bleibt.
4. Apfelstücke und Münsterkäse auf dem Teig verteilen.
5. Flammkuchen im heißen Ofen auf dem Pizzastein goldgelb und knusprig backen. In 8 Stücke schneiden, mit Preiselbeeren garnieren und sofort servieren.

Pro Portion:

525 kcal | **20 g** E | **16 g** Fett | **74 g** KH

DEIN VEGGIE-WOCHENPLAN

	FRÜHSTÜCK	MITTAG	ABENDESSEN	SNACKS
MONTAG	12:2-Overnight-Oats mit Früchten S. 66 	Burrata-Mango-Salat S. 106 	Süßkartoffel-Bohnen-Sandwich S. 104 	Grün-Hoch-Drei-Smoothie S. 134 
DIENSTAG	Obstsalat-Bowl S. 61 	Süßer Beeren-Hüttenkäse S. 157 	Mediterrane Zucchini-Plätzchen S. 138 	Fruity Joghurt mit Mandeln S. 60 
MITTWOCH	Bloody Oats mit Gemüse S. 50 	Gemüse-Pfanne mit Ei S. 136 	Botermelk-French-Toast S. 156 	Schokoladiger Proteinriegel S. 158 
DONNERSTAG	Hirsemüsli mit Walnuss und Orange S. 67 	Sommerkracher Party-Pastasalat S. 96 	Chili-Couscous mit gebackener Aubergine S. 108 	Spicy Mango-Lassi mit Curry S. 135 

Alle Listen und Pläne findet Ihr auch zum Downloaden und Ausdrucken unter:
www.emf-verlag.de/plus3prinzip/ oder **www.mariokotaska.com/plus3prinzip**

	FRÜHSTÜCK	MITTAG	ABENDESSEN	SNACKS
FREITAG	**Spiegeleibrötchen mit Spinat** S. 51 	**Steirischer Tomatensalat** S. 52 	**Mangold-Nasi-Goreng** S. 140 	**Grün-Hoch-Drei-Smoothie** S. 134 
SAMSTAG	**Orangen-Feigen-Pancakes** S. 62 	**Spinat-Blauschimmel-Gnocchis** S. 95 	**Gebackene Avocado mit Paprika-Quinoa** S. 110 	**Dattel-Sesam-Bällchen** S. 154 
SONNTAG	**Arme Ritter süß-sauer** S. 64 	**Quinoa mit zweierlei Blumenkohl** S. 109 	**Senfeier mit Püree und Rote Bete** S. 98 	**Schokoladiger Protein-riegel** S. 158 

MEIN TIPP: Wenn Ihr alle Basic-Zutaten auf Vorrat habt, müsst Ihr nur noch ein paar frische Plus-3-Zutaten besorgen – und schon kann der Veggie-Spaß losgehen. Mit vielen abwechslungsreichen Gerichten kommt garantiert keine Langeweile auf und sogar Fleischesser lassen sich davon überzeugen, wie gut eine Woche ohne Fleisch und Fisch schmeckt. Auch wenn Ihr nur für Euch alleine kocht, bereitet am besten immer das ganze 2-Personen-Rezept zu. Der Aufwand ist der gleiche und Ihr habt für den nächsten Tag gleich schon ein leckeres Lunch fertig oder könnt eine Portion auf Vorrat einfrieren.

DEIN MENÜPLANER

Verwöhnt Eure Gäste doch mal mit einem der sechs spannenden Menüs (à 4 Personen). Für die Vorspeise einfach das Rezept auf vier Gäste aufteilen, so bleibt noch genug Platz für Hauptgericht und Dessert. Wo nötig, für das Hauptgericht das Rezept auf vier Personen verdoppeln. Und vom Dessert? Isst jeder so viel er noch kann.

MENÜ I

Herzhafter Hokkaido-Eintopf S. 146

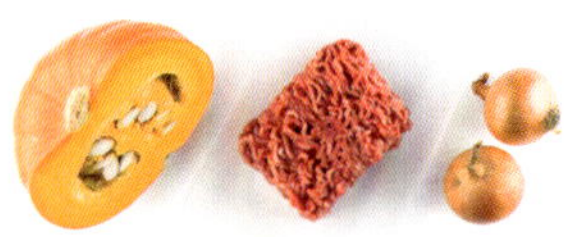

Fish & Chips mit Harissa-Gurken S. 126

Mandel-Schokokuchen mit Apfelkompott S. 205

MENÜ II

Kichererbsen-Salat mit Sardinen S. 127

Hähnchenschenkel Niçoise S. 82

Brombeer-Schoko-Cupcakes S. 200

MENÜ III

Ingwer-Garnelen mit lauwarmem Chicorée S. 148

Kalbsnuss mit Rahmpfifferlingen S. 168

Passionsfrucht-Tassenküchlein S. 196

Alle Listen und Pläne findet Ihr auch zum Downloaden und Ausdrucken unter:
www.emf-verlag.de/plus3prinzip/ oder **www.mariokotaska.com/plus3prinzip**

MENÜ IV

Möhren-Kokos-Süppchen mit Huhn S. 118

Krosses Zanderfilet mit Rotweinbutter S. 176

Topfengratin mit Gewürzorangen S. 210

MENÜ V

Rotes Currysüppchen mit Kabeljau-Bon-Bon S. 147

Lammcarrée mit Rotweinkartoffeln S. 166

Schokoladencreme mit Kirschen S. 204

MENÜ VI

Burrata-Mango-Salat S. 106

Geschmorte Kirschtomaten S. 189

Öhmchens Kirschstreusel mit Eis S. 199

GARZEITENTABELLE

AUF DEN PUNKT GEGART

An diese groben Richtwerte könnt Ihr Euch beim Zubereiten von Fleisch, Geflügel (außer Wildgeflügel) und Fisch halten. Trotzdem bitte genau hinschauen und die Zeiten individuell anpassen. Denn die Gardauer hängt von vielen Faktoren ab. Zum Beispiel davon, wie schwer, wie dick oder dünn das verwendete Stück ist, ob und wie stark Ihr es angebraten habt, bevor es in den Ofen kommt oder wie gut Euer Backofen heizt. Die Angaben beziehen sich darauf, dass das Gargut bei Garbeginn Zimmertemperatur hat. Fleisch wird mit diesen Angaben medium gegart, ist also innen noch rosa, Fisch innen noch leicht glasig. Geflügel sollte aufgrund der höheren Keimgefahr dagegen immer durchgegart sein.

Auf der sicheren Seite seid Ihr, wenn Ihr ein Garthermometer verwendet. Das wird in das Gargut gesteckt und zeigt die Kerntemperatur an. Dabei immer an der dicksten Stelle des Stückes einstecken und darauf achten, dass es nicht einen Knochen berührt. Wenn die ideale Kerntemperatur erreicht ist, könnt Ihr sicher sein, dass das Fleisch oder der Fisch perfekt gegart sind. Die Thermometer gibt es in verschiedenen Varianten und Preisklassen.
Bei Geflügel am Ende der Garzeit mit einem Holzspieß an der dicksten Stelle einstechen: Tritt klarer Fleischsaft aus, ist es durchgegart. Ist der Saft noch leicht rosa oder rötlich, die Garzeit etwas verlängern und erneut testen. Bitte nicht zu lange garen, sonst wird das magere Fleisch schnell zu trocken.

GEFLÜGEL

FLEISCHART	ANBRATEN	OFENTEMPERATUR	GARZEIT	KERNTEMPERATUR
ENTENBRUST (CA. 180 G)	5 Min. auf der Hautsewite, 1 Min. auf der Fleischseite	160 °C	8–12 Min.	58 °C
MAISHÄHNCHEN BRUST MIT HAUT UND KNOCHEN (CA. 225 G)	5 Min., bis die Haut kross wird	120 °C	15–18 Min.	72 °C
HÄHNCHEN-SCHENKEL (CA. 250 G)	5 Min.	160 °C Umluft	25 Min.	80 °C

Alle Listen und Pläne findet Ihr auch zum Downloaden und Ausdrucken unter:
www.emf-verlag.de/plus3prinzip/ oder **www.mariokotaska.com/plus3prinzip**

RIND UND KALB

FLEISCHART	ANBRATEN	OFENTEMPERATUR	GARZEIT	KERNTEMPERATUR
KALBSNUSS ODER KALBSRÜCKEN (CA. 600 G)	5 Min.	120 °C	45–60 Min.	56 °C
RINDERHÜFTE (CA. 200 G)	NACH dem Garen im Ofen 40 Sek. pro Seite	60 °C	1 Std.	55–58 °C

LAMM

FLEISCHSTÜCK	ANBRATEN	OFENTEMPERATUR	GARZEIT	KERNTEMPERATUR
LAMMKOTELETT (CA. 400 G)	2–3 Min. pro Seite	80 °C	ca. 20 Min.	56–58 °C
LAMMCARREE (CA. 300 G)	5–6 Min. pro Seite	80 °C Umluft	30–40 Min.	56–58 °C

FISCH

FISCHART	ANBRATEN	OFENTEMPERATUR	GARZEIT
WOLFSBARSCH FILET (CA. 160 G)	2–3 Min. auf der Hautseite	120 °C	ca. 5 Min.
KABELJAU FILET MIT HAUT (CA. 160 G)	2–3 Min. auf der Hautseite	120 °C	ca. 5 Min.
ZANDER FILET MIT HAUT (CA. 160 G)	2–3 Min. auf der Hautseite	120 °C	ca. 5 Min.
SAIBLING FILET MIT HAUT (CA. 160 G)	2–3 Min. auf der Hautseite	120 °C	ca. 5 Min.
FORELLE FILET MIT HAUT (CA. 150 G)	2–3 Min. auf der Hautseite	120 °C	ca. 5 Min.
OFENLACHS OHNE HAUT (CA. 140 G)	-	80 °C	6–8 Min.

Bei Fischfilets lässt sich aufgrund der geringen Dicke die Kerntemperatur nicht so einfach bestimmen. Hier könnt Ihr den Gargrad mit Zeigefinger und Daumen testen: Dazu leicht auf das Fleisch drücken – fächert das Fleisch leicht in die einzelnen Lamellen auf, ist es perfekt gegart.

EINKAUFSLISTE
FRÜHSTÜCK

DEINE BASICS

- [ ] EIER (M)
- [ ] MILCH (3,5 %)
- [ ] NATUR-JOGHURT (3,5 %)
- [ ] BROT
- [ ] BUTTER
- [ ] QUARK (20 % FETT I. TR.)
- [ ] BANANE
- [ ] HAFERFLOCKEN
- [ ] FLÜSSIGER HONIG

DEINE PLUS-3-ZUTATEN

STRAMME FORELLE MIT KRESSE S. 44

- [ ] 1 Schale Gartenkresse
- [ ] 200 g Räucherforellenfilets
- [ ] 1 Stange Meerrettich

GEBEIZTER LACHS MIT REIBEKUCHEN S. 46

- [ ] 200 g frisches Lachsfilet
- [ ] 1 Bund Dill
- [ ] 100 g mehlig kochende Kartoffeln

ROTES KATERFRÜHSTÜCK S. 48

- [ ] 200 g eingelegte Heringsfilets
- [ ] 2 rote Bete (gegart)
- [ ] 1 EL geröstete Kürbiskerne

BLOODY OATS MIT GEMÜSE S. 50

- [ ] 4 Stangen Staudensellerie
- [ ] 1 rote Paprika
- [ ] 200 ml Tomatensaft

SPIEGELEIBRÖTCHEN MIT SPINAT S. 51

- [ ] 2 Laugenbrötchen
- [ ] 100 g Babyspinat
- [ ] 50 g Fetakäse

STEIRISCHER TOMATEN-SALAT S. 52

- [ ] 2 Tomaten
- [ ] 200 g Hüttenkäse
- [ ] 50 ml Kürbiskernöl

AVOCADO-CHORIZO-OMELETT S. 56

- [ ] 2 Tomaten
- [ ] 50 g Chorizo
- [ ] 1 Avocado

ZWIEBELPIEPEN-OMELETT MIT BIRNEN UND SPECK S. 58

- [ ] 6 Frühlingzwiebeln
- [ ] 1 Birne
- [ ] 50 g Speck in Scheiben

FRUITY JOGHURT MIT MANDELN S. 60

- [ ] 40 g Mandelstifte
- [ ] 200 g Wassermelone
- [ ] ½ Bund frische Minze

OBSTSALAT-BOWL S. 61

- [ ] 100 g Blaubeeren
- [ ] 100 g kernlose Weintrauben
- [ ] 50 g gesalzene geröstete Cashewkerne

ORANGEN-FEIGEN-PANCAKES S. 62

- [ ] 1 EL Backpulver
- [ ] 2 reife Feigen
- [ ] 1 Bio-Orange

ARME RITTER SÜSS-SAUER S. 64

- [ ] 1 kleine reife Avocado
- [ ] 1 pink Bio-Grapefruit
- [ ] 2 EL Leinsamen

12:2-OVERNIGHT-OATS MIT FRÜCHTEN S. 66

- [ ] 50 g geröstete Cashewkerne
- [ ] 1 kleine reife Mango
- [ ] 1 Granatapfel

HIRSEMÜSLI MIT WALNUSS UND ORANGE S. 67

- [ ] 2 Bio-Orangen
- [ ] 75 g Hirse, fein
- [ ] 25 g Walnusskerne

BANANEN-SCHOKO-TÖRTCHEN S. 68

- [ ] 150 g frischer Blätterteig (Kühlregal)
- [ ] 20 g Kakaobohnenbruch (Kakao-Nibs)
- [ ] 10 g Kakaopulver

EINKAUFSLISTE
KLASSIKER

DEINE BASICS

- [ ] KARTOFFELN
- [ ] ZWIEBELN
- [ ] SONNENBLUMENÖL
- [ ] EIER (M)
- [ ] BUTTER
- [ ] PASTA
- [ ] MILCH (3,5 %)
- [ ] PARMESAN
- [ ] DINKELMEHL (TYPE 630)

STUDENTENSCHNITZEL MIT TOMATENPASTA S. 74

- [ ] 2 Hähnchenbrustfilet (à ca. 150 g)
- [ ] 80 g Studentenfutter
- [ ] 50 g getrocknete Tomaten

POTSDAMER SCHMORGURKEN S. 76

- [ ] 3 Salatgurken
- [ ] 200 g gemischtes Hackfleisch
- [ ] 1 Bund Dill

BAUERNOAMELETT MIT KOPFSALAT S. 77

- [ ] 200 g Speck
- [ ] 1 Kopfsalat
- [ ] 25 ml Weißweinessig

BRATKARTOFFELN MIT FLÖNZ UND SPIEGELEI S. 78

- [ ] 150 g Flönz (Kölsche Blutwurst)
- [ ] 6 Frühlingszwiebeln
- [ ] 6 Radieschen

DEINE PLUS-3-ZUTATEN

HÜHNERSCHENKEL NIÇOISE S. 82

- [ ] 2 Hähnchenschenkel (à ca. 250 g)
- [ ] 75 g schwarze Oliven in Öl
- [ ] 200 g grüne Keniabohnen

DÖPPEKOOCHE – DER RHEINISCHE KLASSIKER S. 84

- [ ] 1 Schalotte
- [ ] 5 Scheiben Bauchspeck (à ca. 10 g)
- [ ] 4 Frühlingszwiebeln

PFIFFERLINGSCARBONARA S. 86

- [ ] 250 g kleine Pfifferlinge
- [ ] 120 g Speck
- [ ] 2 junge Knoblauchzehen

BUTTERLACHS MIT PAPRIKAPASTA S. 88

- [ ] 2 Paprikaschoten (rot, gelb)
- [ ] 2 Lachsfilets (ohne Haut und Gräten; à ca. 140 g)
- [ ] ½ Bund Basilikum

FORELLE „NONPAREILLES" MIT KARTOFFELN S. 89

- [ ] ½ Bund glatte Petersilie
- [ ] 300 g Forellenfilets mit Haut
- [ ] 50 g kleine Kapern „Nonpareilles"

PICCATA PESCE MIT KIRSCH-TOMATEN S. 90

- [ ] 1 Bund Basilikum
- [ ] 250 g Kirschtomaten
- [ ] 250 g weißes Fischfilet (z. B. Kabeljau oder Schellfisch)

PASTA ALLE VONGOLE – LÖWES LIEBLINGSPASTA S. 92

- [ ] 4 Knoblauchzehen
- [ ] 500 g Venusmuscheln (geputzt und gewaschen)
- [ ] 150 ml trockener Weißwein

ZUCCHINI-RÖSTI UND AIOLI OHNE EI S. 94

- [ ] 2 kleine Zucchini
- [ ] 3 Knoblauchzehen
- [ ] 10 g Senf

SPINAT-BLAUSCHIMMEL-GNOCCHI S. 95

- [ ] 500 g Kirschtomaten
- [ ] 80 g Blauschimmelkäse (z. B. Gorgonzola)
- [ ] 250 g Babyspinat

SOMMERKRACHER PARTY-PASTASALAT S. 96

- [ ] 150 g gute schwarze Oliven in Olivenöl (ohne Stein)
- [ ] 1 kleine Wassermelone
- [ ] 250 g Fetakäse

SENFEIER MIT PÜREE UND ROTE BETE S. 98

- [ ] 60 ml Himbeeressig
- [ ] 100 g feiner Dijon-Senf
- [ ] 3 gekochte Rote Bete

EINKAUFSLISTE
EXOTISCH

DEINE BASICS

- [ ] QUINOA
- [ ] COUSCOUS
- [ ] JUNGER KNOBLAUCH
- [ ] SÜSSKARTOFFEL
- [ ] ROTE ZWIEBEL
- [ ] OLIVENÖL (KALTGEPRESST)
- [ ] KOKOSMILCH
- [ ] HARISSAPASTE
- [ ] KICHERERBSEN (GLAS)

SÜSSKARTOFFEL-BOHNEN-SANDWICH S. 104

- [ ] 2 Bio-Limetten
- [ ] 1 reife Avocado
- [ ] 150 g schwarze Bohnen (aus der Dose)

BURRATA-MANGO-SALAT S. 106

- [ ] 1 kleine reife Mango
- [ ] 150 g Pflück- oder Wildkräutersalate
- [ ] 2 Burrata (à 125 g)

CHILI-COUSCOUS MIT GEBACKENER AUBERGINE S. 108

- [ ] 1 Aubergine
- [ ] 100 g mildes Ajvar (Paprikapaste)
- [ ] 50 g geriebener Parmesan

QUINOA MIT ZWEIERLEI BLUMENKOHL S. 109

- [ ] 2 Orangen
- [ ] 1 kleiner Kopf Blumenkohl (ca. 700 g)
- [ ] 1 Bund Dill

DEINE PLUS-3-ZUTATEN

GEBACKENE AVOCADO MIT PAPRIKA-QUINOA S. 110

- [ ] 2 rote Paprikaschoten
- [ ] 2 kleine Avocado
- [ ] 100 g Panko (japanische Weißbrotflocken)

KALBS-FALAFEL AUF SÜSS-KARTOFFELSTAMPF S. 112

- [ ] 200 g Kalbshackfleisch
- [ ] 3 Msp. gemahlener Kreuzkümmel (Cumin)
- [ ] 6 EL Kichererbsenmehl

MAROKKANISCHE WURST-PFANNE S. 114

- [ ] 150 g grüne Bohnen
- [ ] 150 g Kirschtomaten
- [ ] 4 kleine Merguez (Lammbratwürstchen; à ca. 50 g)

LAMMKOTELETT MIT HUMMUS UND PEPERONATA S. 116

- [ ] 2 rote Paprikaschoten
- [ ] 1 Bund Basilikum
- [ ] 4 magere Lammkoteletts (insgesamt ca. 400 g)

MÖHREN-KOKOS-SÜPPCHEN MIT HUHN S. 118

- [ ] 1 Maishähnchenbrust (ca. 225 g)
- [ ] 3 Möhren
- [ ] 2 EL Madras Currypulver

RINDERHÜFTE MIT MAIS-TOMATEN-EINTOPF S. 120

- [ ] 200 g Rinderhüfte
- [ ] 2 Maiskolben
- [ ] 4 vollreife Tomaten

GARNELEN-CURRY MIT AUBERGINEN S. 121

- [ ] 10 Garnelen (8/12er, ohne Kopf, mit Schale, ca. 500 g)
- [ ] 1 Aubergine
- [ ] 2 EL gehackter Koriander

SPINAT-MINZ-SÜPPCHEN MIT RÄUCHERLACHS S. 122

- [ ] 6 Zweige Minze
- [ ] 150 g Babyspinat
- [ ] 200 g Räucherlachs

FISH & CHIPS MIT HARISSA-GURKEN S. 126

- [ ] 2 Kabeljaufilets (à 125 g)
- [ ] 2 Salatgurken
- [ ] 1 kleiner Bund Dill

KICHERERBSEN-SALAT MIT SARDINEN S. 127

- [ ] 300 g bunte Kirschtomaten
- [ ] 1 Bund Koriander
- [ ] 150 g Sardinenfilets im eigenen Saft (Dose)

CEVICHE VOM WOLFSBARSCH S. 128

- [ ] 2 Limetten
- [ ] 300 g Wolfsbarschfilet (Sushi-Qualität)
- [ ] 1 Bund Koriander

EINKAUFSLISTE
FIT FOOD

DEINE BASICS

- [ ] BUTTERMILCH
- [ ] INGWER
- [ ] BASILIKUM (TOPF)
- [ ] TK-BEEREN
- [ ] VITAL-KERN-MIX
- [ ] RAPSÖL
- [ ] CHIA-SAMEN
- [ ] ROTE LINSEN
- [ ] EIER (M)

GRÜN HOCH DREI – SMOOTHIE S. 134

- [ ] 1 Bio-Zitrone
- [ ] 1 Bund Rucola
- [ ] 4 Zweige Minze

SPICY MANGO-LASSI MIT CURRY S. 135

- [ ] 1 reife Mango
- [ ] 2 Limetten
- [ ] 1–2 TL Currypulver

GEMÜSE-PFANNE MIT EI S. 136

- [ ] 1 kleine Gemüsezwiebel
- [ ] 1 rote Paprika
- [ ] 1 Zucchini

MEDITERRANE ZUCCHINI-PLÄTZCHEN S. 138

- [ ] 1 Zucchini
- [ ] 100 g Fetakäse
- [ ] 2 vollreife Tomaten

DEINE PLUS-3-ZUTATEN

MANGOLD-NASI-GORENG S. 140

- [ ] 100 g Basmatireis
- [ ] 1 kleine Zwiebel
- [ ] 1 Bund Mangold

BASILIKUM-SCHNITZEL MIT FENCHEL-SALAT S. 142

- [ ] 2 kleine Fenchelknollen
- [ ] 4 kleine dünne Kalbsschnitzel (à 75 g)
- [ ] 2 Zitronen

CHICKENBALLS MIT LINSENCURRY S. 144

- [ ] 20 g Madras Currypulver
- [ ] 250 ml Hafermilch
- [ ] 250 g Hähnchenbrustfilets

HERZHAFTER HOKKAIDO-EINTOPF S. 146

- [ ] ½ kleiner Hokkaidokürbis (ca. 400 g)
- [ ] 4 kleine Gemüsezwiebeln
- [ ] 250 g mageres Rinderhack

ROTES CURRYSÜPPCHEN MIT KABELJAU-BON-BON S. 147

- [ ] 3 Möhren
- [ ] 2 TL rote Thai-Currypaste
- [ ] 200 g Kabeljaufilet ohne Haut und Gräten

INGWER-GARNELEN MIT LAUWARMEM CHICORÉE S. 148

- [ ] 4 Limetten
- [ ] 4 kleine Chicoréekolben
- [ ] 10 küchenfertige gefrorene Garnelen (8/12; ca. 450 g)

LACHS-RÖLLCHEN TO GO S. 150

- [ ] 150 g Graved Lachs, in Scheiben
- [ ] 1 Salatgurke
- [ ] 50 g Frischkäse (20 % Fett i. Tr.)

DATTEL-SESAM-BÄLLCHEN S. 154

- [ ] 1 Bio-Orange
- [ ] 150 g Datteln, entsteint
- [ ] 50 g geschälter heller Sesam

BOTERMELK-FRENCH-TOAST S. 156

- [ ] 1 kleine reife Mango
- [ ] 2 Scheiben Vollkorntoast
- [ ] 50 g Kokosraspel

SÜSSER BEEREN-HÜTTENKÄSE S. 157

- [ ] 200 g Hüttenkäse
- [ ] 2 EL Ahornsirup
- [ ] 25 g Zartbitterkuvertüre

SCHOKOLADIGER PROTEIN-RIEGEL S. 158

- [ ] 100 g Zartbitterkuvertüre
- [ ] 1 Bio-Orange
- [ ] 100 g gemahlene Mandeln (mit Haut)

EINKAUFSLISTE
FESTLICH

DEINE BASICS

- [ ] BUTTER
- [ ] RISOTTOREIS
- [ ] GEMÜSEFOND (HELL)
- [ ] SCHALOTTEN
- [ ] SCHLAGSAHNE
- [ ] ROTWEIN (TROCKEN)
- [ ] PARMESAN
- [ ] KARTOFFELN
- [ ] JUNGER KNOBLAUCH

DEINE PLUS-3-ZUTATEN

BARBARIE-ENTENBRUST MIT GRATIN S. 164

- [ ] 600 g Spitzkohl
- [ ] 1 Bund Majoran
- [ ] 4 weibliche Entenbrüste (à ca. 180 g)

LAMMCARRÉE MIT ROTWEIN-KARTOFFELN S. 166

- [ ] 4 Lammcarrée mit geputzten Knochen (à ca. 300 g)
- [ ] 1 Bund Thymian
- [ ] 600 g breite grüne Bohnen

KALBSNUSS MIT RAHM-PFIFFERLINGEN S. 168

- [ ] 600 g Kalbsnuss/-rücken
- [ ] 500 g Pfifferlinge (alternativ Steinpilze)
- [ ] 5 Stängel Estragon

TAFELSPITZ MIT BOUILLON-KARTOFFELN S. 170

- [ ] 800 g Tafelspitz
- [ ] 400 g violette Urmöhren
- [ ] 400 g Petersilienwurzeln

ZITRONENHÄHNCHEN MIT KARTOFFELSALAT S. 171

- [ ] 2 Bio-Zitronen
- [ ] 2 Salatgurken
- [ ] 4 Maishähnchenbrüste (à ca. 225 g)

NUSSBUTTER-SPARGEL MIT SCHINKEN S. 172

- [ ] 100 g Zucker
- [ ] 1,2 kg weißer Spargel
- [ ] 16 Scheiben Serrano-Schinken (à ca. 12 g)

KROSSES ZANDERFILET MIT ROTWEINBUTTER S. 176

- [ ] 50 ml roter Portwein
- [ ] 600 g Cima di Rapa (wilder Brokkoli)
- [ ] 4 Zanderfilets (à 160 g)

SAIBLINGSFILET IM ORANGENSUD S. 178

- [ ] 6 Bio-Orangen
- [ ] je 2 gelbe und rote Paprikaschoten
- [ ] 4 Saiblingsfilets (à 160 g)

WOLFSBARSCH MIT ROTWEINRISOTTO S. 180

- [ ] 6 Tomaten
- [ ] 1 Zucchini
- [ ] 4 Loup de Mer Filets (Wolfsbarsch; à 160 g)

KABELJAU IN SENFSAUCE S. 182

- [ ] 100 g körniger Senf
- [ ] 600 g Blattspinat
- [ ] 4 Kabeljaufilets (à 160 g)

HERINGSSTIPP MIT PELL-KARTOFFELN S. 183

- [ ] 3 Äpfel (Golden Delicious)
- [ ] 1 Bund Schnittlauch
- [ ] 8 Doppelfilets Hering oder Matjes

SELLERIERISOTTO MIT ROT-WEINBIRNE S. 184

- [ ] 3 reife Birnen (z. B. Abate Fetel)
- [ ] 200 g Knollensellerie
- [ ] 200 ml trockener Weißwein

GRATINIERTE ARTISCHOCKE S. 186

- [ ] 4 große Artischocken
- [ ] 60 g Pinienkerne
- [ ] 2 Knollen Fenchel

STEINPILZRISOTTO MIT PARMESAN S. 188

- [ ] 20 g getrocknete Steinpilze
- [ ] 200 ml trockener Weißwein
- [ ] 400 g frische Steinpilze

GESCHMORTE KIRSCHTOMATEN S. 189

- [ ] 300 ml trockener Weißwein
- [ ] 400 g gelbe und rote Kirschtomaten an der Rispe
- [ ] 3 Bund Frühlingszwiebeln

EINKAUFSLISTE
SÜSSES

DEINE BASICS

- ☐ ZARTBITTER-KUVERTÜRE
- ☐ EIER (M)
- ☐ BACKPULVER
- ☐ QUARK (20 % FETT I. TR.)
- ☐ VANILLESCHOTE
- ☐ MILCH (3,5 %)
- ☐ DINKELMEHL (TYPE 630)
- ☐ BUTTER
- ☐ ZUCKER

CASSIS-MASCARPONE-TÖRTCHEN S. 194
- ☐ 125 g Löffelbiskuits
- ☐ 250 g schwarze Johannisbeeren
- ☐ 200 g Mascarpone

PASSIONSFRUCHT-TASSEN-KÜCHLEIN S. 196
- ☐ 10 Passionsfrüchte
- ☐ 2 Bio-Orangen
- ☐ 250 g Himbeeren

QUARK-KIRSCH-MUFFINS S. 198
- ☐ 2 Bio-Zitronen
- ☐ 50 g Marzipan-Rohmasse
- ☐ 250 g Süßkirschen

ÖHMCHENS KIRSCHSTREUSEL MIT EIS S. 199
- ☐ 100 g Sauerkirschen aus dem Glas
- ☐ 100 g Schlagsahne
- ☐ 200 g Vanilleeis

DEINE PLUS-3-ZUTATEN

BROMBEER-SCHOKO-CUPCAKES S. 200
- ☐ 250 g Brombeeren
- ☐ 30 g Kakaopulver
- ☐ 1 Päckchen Vanillepuddingpulver (zum Kochen)

ERDBEER-GALETTES MIT VANILLE-SAHNE S. 202
- ☐ 500 g Erdbeeren
- ☐ 1 Bio-Zitrone
- ☐ 150 g Schlagsahne

SCHOKOLADENCREME MIT KIRSCHEN S. 204
- ☐ 2 Bio-Orangen
- ☐ 1 Glas Schattenmorellen (370 g Abtropfgewicht)
- ☐ 200 g Schlagsahne

MANDEL-SCHOKOKUCHEN MIT APFELKOMPOTT S. 205
- ☐ 150 g gemahlene Mandeln (mit Haut)
- ☐ 6 Äpfel
- ☐ 150 ml Amaretto

GEFÜLLTE PFLAUMEN-RÖLLCHEN S. 206
- ☐ 250 g Pflaumen (frisch; alternativ tiefgefroren)
- ☐ 50 ml Ahornsirup
- ☐ 1 EL gemahlener Zimt

SNICKERDOODLE-COOKIES S. 208
- ☐ 130 g Haferflocken
- ☐ ½ TL Natron
- ☐ 2 EL gemahlener Zimt

TOPFENGRATIN MIT GEWÜRZORANGEN S. 210
- ☐ 8 Bio-Orangen
- ☐ 6 Sternanis
- ☐ 20 g Ingwer

HEFEZOPF MIT MARMELADE S. 211
- ☐ 20 g Hefe
- ☐ 200 g bittere Orangen-marmelade mit Zeste
- ☐ 80 g Hagelzucker

WINDBEUTELKRANZ MIT MANGO S. 212
- ☐ 1 Bund Minze
- ☐ 250 g Schlagsahne
- ☐ 1 reife Mango

KAISERSCHMARRN MIT HIMBEER-QUARK S. 216
- ☐ 40 g Rosinen
- ☐ 1 Bio-Zitrone
- ☐ 100 g Himbeerkonfitüre

FLAMMKUCHEN MIT ÄPFELN S. 217
- ☐ 2 Äpfel (Golden Delicious)
- ☐ 150 g Münsterkäse
- ☐ 100 g eingedickte Wild-Preiselbeeren (Glas)

SAISONKALENDER

Natürlich gibt es mittlerweile Erdbeeren, Spargel und Kürbis das ganze Jahr über im Angebot, aber vom Geschmack her kommt diese Importware an die heimischen Sorten nicht heran. Denn Obst und Gemüse, das gerade Saison hat und aus der Region kommt, ist geschmacklich einfach unschlagbar. Außerdem ist es meist preiswerter und auch im Hinblick auf Nachhaltigkeit die bessere Wahl. Daher kann ich Euch nur empfehlen, dass Ihr diesen Saisonkalender kopiert (siehe Link zum Download auf Seite 230) und Euch an den Kühlschrank pinnt. So habt Ihr direkt im Blick, was gerade Saison hat und frisch vom Feld kommt.

FRÜHLING

MÄRZ | APRIL | MAI

- Champignons
- Erdbeeren
- Rhabarber
- Spargel
- Spinat

SOMMER

JUNI | JULI | AUGUST

- Aprikosen
- Auberginen
- Beeren
- Blattsalat
- Blumenkohl
- Bohnen
- Brokkoli
- Champignons
- Erbsen
- Gurken
- Kartoffeln
- Kirschen
- Kohlrabi
- Lauch
- Mangold
- Möhren
- Paprika
- Pfirsiche
- Pflaumen
- Radieschen
- Rettiche
- Rotkohl
- Wassermelonen
- Weißkohl
- Zucchini
- Zwiebeln

HERBST

SEPTEMBER | OKTOBER | NOVEMBER

- Äpfel
- Birnen
- Blumenkohl
- Brokkoli
- Champignons
- Fenchel
- Kartoffeln
- Kohlrabi
- Kürbisse
- Lauch
- Möhren
- Paprika
- Pastinaken
- Radieschen
- Radicchio
- Rettiche
- Rosenkohl
- Rote Beten
- Rotkohl
- Sellerie
- Tomaten
- Trauben
- Weißkohl
- Wirsing
- Quitten
- Zuckermais
- Zucchini
- Zwetschgen
- Zwiebeln

WINTER

DEZEMBER | JANUAR | FEBRUAR

- Äpfel (aus Lagerung)
- Birnen (aus Lagerung)
- Champignons
- Chicorée
- Feldsalat
- Grünkohl
- Lauch
- Pastinaken
- Rosenkohl

REGISTER

A

ÄPFEL
Heringsstipp mit Pellkartoffeln 183
Mandel-Schokokuchen mit Apfelkompott 205

ARME RITTER SÜSS-SAUER 64

ARTISCHOCKEN
Gratinierte Artischocke 186

AUBERGINE
Chili-Couscous mit gebackener Aubergine 108
Garnelen-Curry mit Auberginen 121

AVOCADO
Gebackene Avocado mit Paprika-Quinoa 110
Süßkartoffel-Bohnen-Sandwich 104

AVOCADO-CHORIZO-OMELETTE 56

B

BANANEN
Hirsemüsli mit Walnuss und Orange 67
Obstsalat-Bowl 61

BANANEN-SCHOKO-TÖRTCHEN 68

BARBARIE-ENTENBRUST MIT GRATIN 164

BASILIKUM-SCHNITZEL MIT FENCHEL-SALAT 142

BAUERNOMELETTE MIT KOPFSALAT 77

BEEREN
Botermelk-Frensh-Toast 156
Brombeer-Schoko-Cupcakes 200
Cassis-Mascarpone-Törtchen 194
Erdbeer-Galettes mit Vanillesahne 202
Obstsalat-Bowl 61
Passionsfrucht-Tassenküchlein 196
Süßer Beeren-Hüttenkäse 157

BIRNEN
Sellerierisotto mit Rotweinbirne 184
Zwiebelpiepen-Omelett mit Birnen und Speck 58

BLÄTTERTEIG
Bananen-Schoko-Törtchen 68

BLOODY OATS MIT GEMÜSE 50

BLUMENKOHL
Quinoa mit zweierlei Blumenkohl 109

BLUTWURST
Bratkartoffeln mit Flönz und Spiegelei 78

BOHNEN, GRÜN
Lammcarrée mit Rotweinkartoffeln 166
Marokkanische Wurstpfanne 114

BOHNEN, SCHWARZ
Süßkartoffel-Bohnen-Sandwich 104

BOTERMELK-FRENSH-TOAST 156

BRATKARTOFFELN MIT FLÖNZ UND SPIEGELEI 78

BROKKOLI
Krosses Zanderfilet mit Rotweinbutter 176

BROMBEER-SCHOKO-CUPCAKES 200

BROT
Arme Ritter süß-sauer 64
Botermelk-Frensh-Toast 156
Rotes Katerfrühstück 48
Stramme Forelle mit Kresse 44
Zwiebelpiepen-Omelett mit Birnen und Speck 58

BRÖTCHEN
Spiegeleibrötchen mit Spinat 51

BURRATA-MANGO-SALAT 106

BUTTERLACHS MIT PAPRIKAPASTA 88

BUTTERMILCH
Basilikum-Schnitzel mit Fenchel-Salat 142
Botermelk-Frensh-Toast 156
Grün hoch drei – Smoothie 134
Ingwer-Garnelen mit lauwarmem Chicorée 148
Rotes Currysüppchen mit Kabeljau-Bon-Bon 147
Schokoladiger Proteinriegel 158
Spicy Mango-Lassi mit Curry 135
Süßer Beeren-Hüttenkäse 157

C

CASHEWNUSSKERNE
12:2-Overnight-Oats mit Früchten 66
Obstsalat-Bowl 61

CASSIS-MASCARPONE-TÖRTCHEN 194

CEVICHE VOM WOLFSBARSCH 128

CHICKENBALLS MIT LINSENCURRY 144

CHICORÉE
Ingwer-Garnelen mit lauwarmem Chicorée 148

CHILI-COUSCOUS MIT GEBACKENER AUBERGINE 108

CHORIZO
Avocado-Chorizo-Omelette 56

COUSCOUS
Burrata-Mango-Salat 106
Chili-Couscous mit gebackener Aubergine 108
Marokkanische Wurstpfanne 114

D

DATTEL-SESAM-BÄLLCHEN 154

DILL
Fish & Chips mit Harissa-Gurken 126
Gebeizter Lachs mit Reibekuchen 46
Potsdamer Schmorgurken 76
Quinoa mit zweierlei Blumenkohl 109

DINKELMEHL
Gefüllte Pflaumen-Röllchen 206
Mandel-Schokokuchen mit Apfelkompott 205
Öhmchens Kirschstreusel mit Eis 199

DÖPPE KOOCHE – DER RHEINISCHE KLASSIKER 84

E

EIER
Arme Ritter süß-sauer 64
Avocado-Chorizo-Omelette 56
Bananen-Schoko-Törtchen 68
Basilikum-Schnitzel mit Fenchel-Salat 142
Bauernomelette mit Kopfsalat 77
Botermelk-Frensh-Toast 156
Bratkartoffeln mit Flönz und Spiegelei 78
Döppe Kooche – der rheinische Klassiker 84
Erdbeer-Galettes mit Vanillesahne 202
Gefüllte Pflaumen-Röllchen 206
Gemüse-Pfanne mit Ei 136
Hähnchenschenkel Niçoise 82
Hefezopf mit Marmelade 211
Mandel-Schokokuchen mit Apfelkompott 205
Mangold-Nasi-Goreng 140
Mediterrane Zucchini-Plätzchen 138
Orangen-Feigen-Pancakes 62
Passionsfrucht-Tassenküchlein 196
Pfifferlingscarbonara mit Speck 86
Piccata de pesce mit Kirschtomaten 90
Quark-Kirsch-Muffins 198
Rotes Katerfrühstück 48
Schokoladencreme mit Kirschen 204
Schokoladiger Proteinriegel 158
Senfeier mit Püree und Rote Bete 98
Snickerdoodle-Cookies 208
Spiegeleibrötchen mit Spinat 51
Spinat-Blauschimmel-Gnocchis 95
Stramme Forelle mit Kresse 44

Studentenschnitzel mit Tomatenpasta 74
Topfengratin mit Gewürzorangen 210
Windbeutelkranz mit Mango 212
Zucchini-Rösti und Aioli ohne Ei 94
Zwiebelpiepen-Omelett mit Birnen und Speck 58

ENTE
Barbarie-Entenbrust mit Gratin 164

ERDBEER-GALETTES MIT VANILLESAHNE 202

F

FEIGEN
Orangen-Feigen-Pancakes 62

FENCHEL
Basilikum-Schnitzel mit Fenchel-Salat 142
Gratinierte Artischocke 186

FISCH
Ceviche vom Wolfsbarsch 128
Gebeizter Lachs mit Reibekuchen 46
Heringsstipp mit Pellkartoffeln 183
Kabeljau in Senfsauce 182
Krosser Wolfsbarsch mit Rotweinrisotto 180
Krosses Zanderfilet mit Rotweinbutter 176
Lachs-Röllchen to go 150
Piccata de pesce mit Kirschtomaten 90
Rotes Currysüppchen mit Kabeljau-Bon-Bon 147
Rotes Katerfrühstück 48
Spinat-Minz-Süppchen mit Räucherlachs 122
Stramme Forelle mit Kresse 44

FISH & CHIPS MIT HARISSA-GURKEN 126

FORELLE „NONPAREILLES" MIT PETERSILIENKARTOFFELN 89

FRÜHLINGSZWIEBELN
Bratkartoffeln mit Flönz und Spiegelei 78
Döppe Kooche – der rheinische Klassiker 84
Geschmorte Kirschtomaten 189
Zwiebelpiepen-Omelett mit Birnen und Speck 58

FRUITY JOGHURT MIT MANDELN 60

G

GANZE KALBSNUSS MIT RAHM-PFIFFERLINGEN 168

GARNELEN
Ingwer-Garnelen mit lauwarmem Chicorée 148

GARNELEN-CURRY MIT AUBERGINEN 121

GEBACKENE AVOCADO MIT PAPRIKA-QUINOA 110

GEBEIZTER LACHS MIT REIBEKUCHEN 46

GEFÜLLTE PFLAUMEN-RÖLLCHEN 206

GEMÜSE-PFANNE MIT EI 136

GESCHMORTE KIRSCHTOMATEN 189

GRANATAPFEL 66

GRATINIERTE ARTISCHOCKE 186

GRÜN HOCH DREI – SMOOTHIE 134

H

HACKFLEISCH, GEMISCHT
Potsdamer Schmorgurken 76

HACKFLEISCH, KALBS-
Kalbs-Falafel auf Süßkartoffelstampf 112

HACKFLEISCH, RIND
Herzhafter Hokkaido-Eintopf 146

HAFERFLOCKEN
12:2-Overnight-Oats mit Früchten 66
Bloody Oats mit Gemüse 50
Gebeizter Lachs mit Reibekuchen 46
Hirsemüsli mit Walnuss und Orange 67
Snickerdoodle-Cookies 208
Steirischer Tomatensalat 52

HAFERMEHL
Bananen-Schoko-Törtchen 68
Orangen-Feigen-Pancakes 62

HAFERMILCH
Chickenballs mit Linsencurry 144

HÄHNCHENBRUST
Chickenballs mit Linsencurry 144
Möhren-Kokos-Süppchen mit Huhn 118
Studentenschnitzel mit Tomatenpasta 74
Zitronenhähnchen mit Kartoffelsalat 171

HÄHNCHENSCHENKEL NIÇOISE 82

HEFEZOPF MIT MARMELADE 211

HERINGSSTIPP MIT PELLKARTOFFELN 183

HERZHAFTER HOKKAIDO-EINTOPF 146

HIRSEMÜSLI MIT WALNUSS UND ORANGE 67

HÜTTENKÄSE
Steirischer Tomatensalat 52
Süßer Beeren-Hüttenkäse 157

I

INGWER-GARNELEN MIT LAUWARMEM CHICORÉE 148

J

JOGHURT
12:2-Overnight-Oats mit Früchten 66
Bloody Oats mit Gemüse 50
Fruity Joghurt mit Mandeln 60
Gebeizter Lachs mit Reibekuchen 46
Hirsemüsli mit Walnuss und Orange 67

K

KABELJAU IN SENFSAUCE 182

KALB
Basilikum-Schnitzel mit Fenchel-Salat 142
Ganze Kalbsnuss mit Rahmpfifferlingen 168

KALBS-FALAFEL AUF SÜSSKARTOFFEL-STAMPF 112

KARTOFFELN
Barbarie-Entenbrust mit Gratin 164
Bauernomelette mit Kopfsalat 77
Bratkartoffeln mit Flönz und Spiegelei 78
Döppe Kooche – der rheinische Klassiker 84
Forelle „Nonpareilles" mit Petersilienkartoffeln 89
Ganze Kalbsnuss mit Rahmpfifferlingen 168
Gebeizter Lachs mit Reibekuchen 46
Gratinierte Artischocke 186
Hähnchenschenkel Niçoise 82
Heringsstipp mit Pellkartoffeln 183
Kabeljau in Senfsauce 182
Krosses Zanderfilet mit Rotweinbutter 176
Lammcarrée mit Rotweinkartoffeln 166
Nussbutter-Spargel mit Serranoschinken 172
Potsdamer Schmorgurken 76
Saiblingsfilet im Orangensud 178
Senfeier mit Püree und Rote Bete 98
Spinat-Blauschimmel-Gnocchis 95
Tafelspitz mit Bouillonkartoffeln 170
Zucchini-Rösti und Aioli ohne Ei 94

KÄSE
Burrata-Mango-Salat 106
Lachs-Röllchen to go 150
Mediterrane Zucchini-Plätzchen 138
Sommerkracher-Party-Pastasalat 96
Spiegeleibrötchen mit Spinat 51
Spinat-Blauschimmel-Gnocchis 95

KICHERERBSEN
Garnelen-Curry mit Auberginen 121
Kalbs-Falafel auf Süßkartoffelstampf 112
Kichererbsen-Salat mit Sardinen 127
Lammkotelett mit Hummus und Peperonata 116

KIRSCHEN
Öhmchens Kirschstreusel mit Eis 199
Schokoladencreme mit Kirschen 204

KOKOSMILCH
Garnelen-Curry mit Auberginen 121
Gebackene Avocado mit Paprika-Quinoa 110
Kalbs-Falafel auf Süßkartoffelstampf 112
Lammkotelett mit Hummus und Peperonata 116
Möhren-Kokos-Süppchen mit Huhn 118
Rinderhüfte mit Mais-Tomaten-Eintopf 120
Spinat-Minz-Süppchen mit Räucherlachs 122

KORIANDER
Ceviche vom Wolfsbarsch 128
Garnelen-Curry mit Auberginen 121
Kichererbsen-Salat mit Sardinen 127

KROSSER WOLFSBARSCH MIT ROTWEINRISOTTO 180

KROSSES ZANDERFILET MIT ROTWEINBUTTER 176

KÜRBIS
Herzhafter Hokkaido-Eintopf 146

KÜRBISKERNE
Rotes Katerfrühstück 48

KUVERTÜRE, ZARTBITTER-
Brombeer-Schoko-Cupcakes 200
Mandel-Schokokuchen mit Apfelkompott 205
Schokoladencreme mit Kirschen 204
Schokoladiger Proteinriegel 158
Snickerdoodle-Cookies 208
Süßer Beeren-Hüttenkäse 157

L

LACHS-RÖLLCHEN TO GO 150

LAMMCARRÉE MIT ROTWEIN-KARTOFFELN 166

LAMMKOTELETT MIT HUMMUS UND PEPERONATA 116

LIMETTEN
Ceviche vom Wolfsbarsch 128
Ingwer-Garnelen mit lauwarmem Chicorée 148
Spicy Mango-Lassi mit Curry 135
Süßkartoffel-Bohnen-Sandwich 104

LINSEN, ROT
Chickenballs mit Linsencurry 144
Herzhafter Hokkaido-Eintopf 146
Rotes Currysüppchen mit Kabeljau-Bon-Bon 147

LÖFFELBISKUITS
Cassis-Mascarpone-Törtchen 194

M

MAISKOLBEN
Rinderhüfte mit Mais-Tomaten-Eintopf 120

MAJORAN
Barbarie-Entenbrust mit Gratin 164

MANDELN
Fruity Joghurt mit Mandeln 60
Schokoladiger Proteinriegel 158

MANDEL-SCHOKOKUCHEN MIT APFELKOMPOTT 205

MANGO
12:2-Overnight-Oats mit Früchten 66
Botermelk-Frensh-Toast 156
Burrata-Mango-Salat 106
Spicy Mango-Lassi mit Curry 135
Windbeutelkranz mit Mango 212

MANGOLD-NASI-GORENG 140

MAROKKANISCHE WURSTPFANNE 114

MARZIPAN
Quark-Kirsch-Muffins 198

MASCARPONE
Cassis-Mascarpone-Törtchen 194

MEDITERRANE ZUCCHINI-PLÄTZCHEN 138

MEERRETTICH, FRISCH
Stramme Forelle mit Kresse 44

MERGUEZ
Marokkanische Wurstpfanne 114

MILCH
12:2-Overnight-Oats mit Früchten 66
Arme Ritter süß-sauer 64
Barbarie-Entenbrust mit Gratin 164
Brombeer-Schoko-Cupcakes 200
Gefüllte Pflaumen-Röllchen 206
Hefezopf mit Marmelade 211
Hirsemüsli mit Walnuss und Orange 67
Obstsalat-Bowl 61
Orangen-Feigen-Pancakes 62
Passionsfrucht-Tassenküchlein 196
Potsdamer Schmorgurken 76
Senfeier mit Püree und Rote Bete 98
Spinat-Blauschimmel-Gnocchis 95
Windbeutelkranz mit Mango 212
Zucchini-Rösti und Aioli ohne Ei 94

MINZE
Fruity Joghurt mit Mandeln 60
Grün hoch drei – Smoothie 134
Spinat-Minz-Süppchen mit Räucherlachs 122
Windbeutelkranz mit Mango 212

MÖHREN
Rotes Currysüppchen mit Kabeljau-Bon-Bon 147
Tafelspitz mit Bouillonkartoffeln 170

MÖHREN-KOKOS-SÜPPCHEN MIT HUHN 118

MUSCHELN
Pasta alla Vongole – Löwes Lieblingspasta 92

N

NUSSBUTTER-SPARGEL MIT SERRANOSCHINKEN 172

O

12:2-OVERNIGHT-OATS MIT FRÜCHTEN 66

OBSTSALAT-BOWL 61

ÖHMCHENS KIRSCHSTREUSEL MIT EIS 199

OLIVEN, SCHWARZ
Sommerkracher-Party-Pastasalat 96

ORANGEN
Dattel-Sesam-Bällchen 154
Hirsemüsli mit Walnuss und Orange 67
Passionsfrucht-Tassenküchlein 196
Quinoa mit zweierlei Blumenkohl 109
Saiblingsfilet im Orangensud 178
Schokoladiger Proteinriegel 158
Topfengratin mit Gewürzorangen 210

ORANGEN-FEIGEN-PANCAKES 62

ORANGENMARMELADE
Hefezopf mit Marmelade 211

P

PAPRIKA
Bloody Oats mit Gemüse 50
Gebackene Avocado mit Paprika-Quinoa 110
Gemüse-Pfanne mit Ei 136
Lammkotelett mit Hummus und Peperonata 116
Saiblingsfilet im Orangensud 178

PARMESAN
Barbarie-Entenbrust mit Gratin 164
Butterlachs mit Paprikapasta 88
Chili-Couscous mit gebackener Aubergine 108
Ganze Kalbsnuss mit Rahmpfifferlingen 168
Geschmorte Kirschtomaten 189
Gratinierte Artischocke 186
Hähnchenschenkel Niçoise 82
Krosser Wolfsbarsch mit Rotweinrisotto 180
Pasta alla Vongole – Löwes Lieblingspasta 92
Pfifferlingscarbonara mit Speck 86
Piccata de pesce mit Kirschtomaten 90
Sellerierisotto mit Rotweinbirne 184
Sommerkracher-Party-Pastasalat 96
Spinat-Blauschimmel-Gnocchis 95
Steinpilzrisotto mit Parmesan 188
Zitronenhähnchen mit Kartoffelsalat 171
Zucchini-Rösti und Aioli ohne Ei 94

PASSIONSFRUCHT-TASSEN-KÜCHLEIN 196

PASTA
Butterlachs mit Paprikapasta 88
Pfifferlingscarbonara mit Speck 86
Piccata de pesce mit Kirschtomaten 90
Sommerkracher-Party-Pastasalat 96
Studentenschnitzel mit Tomatenpasta 74

PASTA ALLA VONGOLE – LÖWES LIEBLINGSPASTA 92

PFIFFERLINGSCARBONARA MIT SPECK 86

PFLAUMEN
Gefüllte Pflaumen-Röllchen 206

PICCATA DE PESCE MIT KIRSCHTOMATEN 90

PILZE
Ganze Kalbsnuss mit Rahmpfifferlingen 168
Pfifferlingscarbonara mit Speck 86
Steinpilzrisotto mit Parmesan 188

POTSDAMER SCHMORGURKEN 76

Q

QUARK
Arme Ritter süß-sauer 64
Bananen-Schoko-Törtchen 68
Obstsalat-Bowl 61
Passionsfrucht-Tassenküchlein 196
Rotes Katerfrühstück 48
Stramme Forelle mit Kresse 44
Topfengratin mit Gewürzorangen 210
Windbeutelkranz mit Mango 212

QUARK-KIRSCH-MUFFINS 198

QUINOA
Gebackene Avocado mit Paprika-Quinoa 110
Quinoa mit zweierlei Blumenkohl 109

QUINOA MIT ZWEIERLEI BLUMENKOHL 109

R

RADIESCHEN
Bratkartoffeln mit Flönz und Spiegelei 78

REIS
Geschmorte Kirschtomaten 189
Krosser Wolfsbarsch mit Rotweinrisotto 180
Mangold-Nasi-Goreng 140
Sellerierisotto mit Rotweinbirne 184
Steinpilzrisotto mit Parmesan 188

RIND
Tafelspitz mit Bouillonkartoffeln 170

RINDERHÜFTE MIT MAIS-TOMATEN-EINTOPF 120

ROTE BETE
Rotes Katerfrühstück 48
Senfeier mit Püree und Rote Bete 98

ROTES CURRYSÜPPCHEN MIT KABELJAU-BON-BON 147

ROTES KATERFRÜHSTÜCK 48

RUCOLA
Grün hoch drei – Smoothie 134

S

SAHNE
Barbarie-Entenbrust mit Gratin 164
Cassis-Mascarpone-Törtchen 194
Ganze Kalbsnuss mit Rahmpfifferlingen 168
Gratinierte Artischocke 186
Heringsstipp mit Pellkartoffeln 183
Öhmchens Kirschstreusel mit Eis 199
Steinpilzrisotto mit Parmesan 188

SAIBLINGSFILET IM ORANGENSUD 178

SALAT
Bauernomelette mit Kopfsalat 77
Burrata-Mango-Salat 106

SALATGURKE
Fish & Chips mit Harissa-Gurken 126
Lachs-Röllchen to go 150
Potsdamer Schmorgurken 76
Zitronenhähnchen mit Kartoffelsalat 171

SCHINKEN
Nussbutter-Spargel mit Serranoschinken 172

SCHOKOLADENCREME MIT KIRSCHEN 204

SCHOKOLADIGER PROTEINRIEGEL 158

SELLERIERISOTTO MIT ROTWEINBIRNE 184

SENFEIER MIT PÜREE UND ROTE BETE 98

SESAM
Dattel-Sesam-Bällchen 154

SNICKERDOODLE-COOKIES 208

SOMMERKRACHER-PARTY-PASTASALAT 96

SPARGEL, WEISS
Nussbutter-Spargel mit Serranoschinken 172

SPECK
Bauernomelette mit Kopfsalat 77
Döppe Kooche – der rheinische Klassiker 84
Pfifferlingscarbonara mit Speck 86
Zwiebelpiepen-Omelett mit Birnen und Speck 58

SPICY MANGO-LASSI MIT CURRY 135

SPIEGELEIBRÖTCHEN MIT SPINAT 51

SPINAT
Kabeljau in Senfsauce 182
Spiegeleibrötchen mit Spinat 51

SPINAT-BLAUSCHIMMEL-GNOCCHIS 95

SPINAT-MINZ-SÜPPCHEN MIT RÄUCHERLACHS 122

SPITZKOHL
Barbarie-Entenbrust mit Gratin 164

STAUDENSELLERIE
Bloody Oats mit Gemüse 50

STEINPILZRISOTTO MIT PARMESAN 188

STEIRISCHER TOMATENSALAT 52

STRAMME FORELLE MIT KRESSE 44

STUDENTENFUTTER
Studentenschnitzel mit Tomatenpasta 74

STUDENTENSCHNITZEL MIT TOMATEN-PASTA 74

SÜSSER BEEREN-HÜTTENKÄSE 157

SÜSSKARTOFFEL
Ceviche vom Wolfsbarsch 128
Fish & Chips mit Harissa-Gurken 126
Kalbs-Falafel auf Süßkartoffelstampf 112
Möhren-Kokos-Süppchen mit Huhn 118
Rinderhüfte mit Mais-Tomaten-Eintopf 120

SÜSSKARTOFFEL-BOHNEN-SANDWICH 104

T

TAFELSPITZ MIT BOUILLON-KARTOFFELN 170

THYMIAN
Lammcarrée mit Rotweinkartoffeln 166

TOMATEN
Avocado-Chorizo-Omelette 56
Geschmorte Kirschtomaten 189
Kichererbsen-Salat mit Sardinen 127
Krosser Wolfsbarsch mit Rotweinrisotto 180
Marokkanische Wurstpfanne 114
Mediterrane Zucchini-Plätzchen 138
Piccata de pesce mit Kirschtomaten 90
Rinderhüfte mit Mais-Tomaten-Eintopf 120
Spinat-Blauschimmel-Gnocchis 95
Steirischer Tomatensalat 52
Studentenschnitzel mit Tomatenpasta 74

TOPFENGRATIN MIT GEWÜRZ-ORANGEN 210

V

VANILLEPUDDINGPULVER
Brombeer-Schoko-Cupcakes 200

W

WALNÜSSE
Hirsemüsli mit Walnuss und Orange 67

WASSERMELONE
Fruity Joghurt mit Mandeln 60
Sommerkracher-Party-Pastasalat 96

WEINTRAUBEN
Obstsalat-Bowl 61

WINDBEUTELKRANZ MIT MANGO 212

Z

ZITRONEN
Basilikum-Schnitzel mit Fenchel-Salat 142
Erdbeer-Galettes mit Vanillesahne 202
Grün hoch drei – Smoothie 134
Quark-Kirsch-Muffins 198

ZITRONENHÄHNCHEN MIT KARTOFFEL-SALAT 171

ZUCCHINI
Gemüse-Pfanne mit Ei 136
Krosser Wolfsbarsch mit Rotweinrisotto 180
Mediterrane Zucchini-Plätzchen 138

ZUCCHINI-RÖSTI UND AIOLI OHNE EI 94

ZWIEBELPIEPEN-OMELETT MIT BIRNEN UND SPECK 58

ÜBER DEN AUTOR

Von Omas Küche zum Küchenchef mit Stern – so lässt sich Marios Werdegang kurz und knackig zusammenfassen. Was als Leidenschaft begann, wurde schnell zur Berufung. Marios Küche ist frisch, lecker, unkompliziert und immer mit einer ordentlichen Portion Freude und Kreativität zubereitet. Gutes Essen spielt für ihn nicht nur in der Sterneküche eine bedeutende Rolle. Mit seinem Imbisswagen mit Cateringkonzept „bratwerk" achtet der Spitzenkoch auch bei dort angebotenem Fastfood auf beste Qualität. Seit 2014 betreibt Mario zusammen mit Freund und Kollegen Ralf Zacherl die vinophile Genusswerkstatt und Kochschule „Schmidt Z&KO." in Berlin.

Der vielfältige Gastronom und sportliche Familienvater ist nicht nur einem breiten TV-Publikum durch seine Moderation bei „Die Küchenschlacht" und seiner Teilnahme an Kochsendungen wie „Kerners Köche" bekannt, sondern auch durch die Show „Dance Dance Dance" , wo sich der Schlagerfan in die Herzen der Zuschauer tanzte. 2017 war der erfolgreiche TV-Star und Entertainer offizieller Botschafter der IIHF Eishockey-Weltmeisterschaft in Köln und Paris und kreierte hierfür das exquisite WM-Menü. Mario ist Genussbotschafter seiner Wahlheimatstadt Köln, glühender Fan der Kölner Haie sowie Anhänger von S04.

HERZLICHEN DANK AN ...

... meine Frau und meine Kinder (was wäre ich ohne Euch)

... meine Eltern, die Oma (die immer in meiner Vita zitiert wird) und et Öhmchen

... meine Managerin Manuela Ferling (so viele Jahre "rocken" wir jetzt schon gemeinsam!!!)

... Philipp Kramer und Dominic Jeske (mein starkes Kochteam)

... Ela Rüther, ihre fleißigen Helfern, Inga Pfannebecker und auch an Ulrich Krause

... Selgros wie dem Frischeparadies (wo man wunderbare Dinge zum Kochen bekommt #keine Werbung, eine Herzenssache)

... dem EMF Verlag , ganz besonders Marline Ernzer (für all die morgendlichen und abendlichen Telefonate) mit all seinen fleißigen Helferinnen und Helfern, die das Vertrauen in mich haben

... und alle Menschen, für die ich hier keinen Platz mehr habe: Ihr wisst:

Ich denke auch an Euch !

DIE FOTOGRAFIN

Nach Abitur und Ausbildung zur Köchin in Köln kochte Ela Rüther in 1-Sterne Restaurants wie dem VAU in Berlin, dem L'Escalier in Köln und im Hotel-Restaurant Zur Krone in Herxheim. Inspiriert von einem Praktikum bei Der Feinschmecker und von der Mitarbeit an einem Kochbuch, begann sie selber zu fotografieren, Reportagen und Rezepte zu schreiben. Heute entstehen im Kölner Fotostudio leckere Foodfotos und Rezepte für Zeitschriften, Verlage und Agenturen. Ela arbeitet mit einem festen Team unter anderem für Einfach Hausgemacht, den AT Verlag und die VEMAG, für die Genusshandwerker und für Aldi Süd. Neben der Studiofotografie liebt die Fotografin es, rauszugehen und Menschen beim Kochen, Backen oder beim Wursten zu porträtieren. Food-Trends findet die sie doof. Abseitige Themen super. Neben Bitter – Der vergessene Geschmack sind die Bücher Wein & Gemüse, Micro Greens – Micro Leaves und zuletzt Backe, Brust und Bauch erschienen, die alle auf große Resonanz stoßen und von der GAD und mit den Gourmand World Cookbook-Awards ausgezeichnet worden sind.

www.elaruether.de

NOCH MEHR GAUMENFREUDEN

Aufgedeckt – Die Geheimnisse der Spitzenküche
Die besten Rezepte einfach nachgekocht

ISBN: 978-3-86355-787-4

30,00 € (DE)/ 30,90 € (AT)

Nachgefragt
30 Spitzenköche verraten ihre Küchengeheimnisse

ISBN: 978-3-96093-046-4

26,00 € (DE)/ 26,80 € (AT)

Nihon Kitchen – Das Japan-Kochbuch
Über 80 authentische Rezepte von Ramen über Sushi bis Tempura einfach zu Hause zubereiten

ISBN: 978-3-96093-072-3

30,00 € (DE)/ 30,90 € (AT)

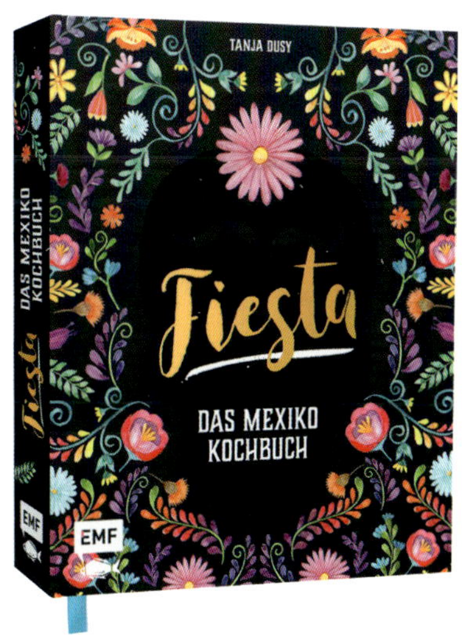

Fiesta – Das Mexiko-Kochbuch
Enchiladas, Tacos & Guacamole: Über 80 authentische Rezepte für zu Hause

ISBN: 978-3-96093-068-6

30,00 € (DE)/ 30,90 € (AT)

IMPRESSUM

Bibliografische Information der Deutschen Bibliothek.

Die Deutsche Bibliothek verzeichnet diese Publikation in der Deutschen Nationalbibliografie.

Detaillierte bibliografische Daten sind im Internet über http://www.dnb.de/ abrufbar.

EIN BUCH DER EDITION MICHAEL FISCHER

1. Auflage 2018

Projektmanagement: Marline Ernzer
Covergestaltung: Verena Raith
Layout: Verena Raith, Bernadett Linseisen
Satz: Bernadett Linseisen
Redaktion und Lektorat: Inga Pfannebecker, Amsterdam
Fotografie: Manuela Rüther, Köln
Assistenz: Nastassia Trushkin
Foodstyling: Katja Briol, Köln und Petra Wegler, Köln
Styling Mario Kotaska: Claudia Creuels, Düsseldorf; Man Le, Köln

Mit besonderem Dank an die freundlichen Gastgeber der schönen Shooting-Kulissen in Köln:
Käsehaus Wingenfeld (www.kaesehaus-wingenfeld.de)
Bäckerei Zimmermann (www.baeckereizimmermann.de)
Markthalle Belgisches Viertel (www.markthalle-belgischesviertel.de)

ISBN 978-3-96093-064-8

Gedruckt bei Polygraf Print, Čapajevova 44, 08001 Prešov, Slowakei

www.emf-verlag.de